35岁从心出发

苏禹烈 —— 著

本书封面贴有清华大学出版社防伪标签，无标签者不得销售。

版权所有，侵权必究。举报：010-62782989，beiqinquan@tup.tsinghua.edu.cn。

图书在版编目 (CIP) 数据

35 岁　从心出发 / 苏禹烈著. —北京：清华大学出版社，2021.9
ISBN 978-7-302-58952-5

Ⅰ.①3… Ⅱ.①苏… Ⅲ.①成功心理－通俗读物 Ⅳ.① B848.4-49

中国版本图书馆 CIP 数据核字 (2021) 第 173243 号

责任编辑：左玉冰
封面设计：徐　超
版式设计：方加青
责任校对：王凤芝
责任印制：丛怀宇

出版发行：清华大学出版社
　　　　　网　　址：http://www.tup.com.cn，http://www.wqbook.com
　　　　　地　　址：北京清华大学学研大厦 A 座　　邮　编：100084
　　　　　社 总 机：010-62770175　　　　　　　　邮　购：010-62786544
　　　　　投稿与读者服务：010-62776969，c-service@tup.tsinghua.edu.cn
　　　　　质 量 反 馈：010-62772015，zhiliang@tup.tsinghua.edu.cn
印 装 者：三河市金元印装有限公司
经　　销：全国新华书店
开　　本：148mm×210mm　　印　张：8.125　　字　数：168 千字
版　　次：2021 年 10 月第 1 版　　印　次：2021 年 10 月第 1 次印刷
定　　价：59.00 元

产品编号：045382-01

天之灵气落地成雨，
大地之光喷涌而出，
百沙筑基，
诸神庇佑，
再入神秘之境，
上天偏爱任性的孩子。

苏禹烈于诸神之岛

这世上没有比清晨迎着日出的第一缕光,顶着惺忪的睡眼,抱着冲浪板爬下悬崖,跳进蔚蓝色的世界,在迎头大浪上驰骋后回到海边的咖啡馆,一边拨着吉他的琴弦一边吃着早饭更惬意的人生了。而这,是我送给自己的"退休"生活。

感谢世界尽头的巨浪、飞鸟、星空、海岛、云散、月升。

自序一

写在 25 岁时

　　曾经有一天,在安达曼海面前,我深深地喝醉。在沙滩上,我不停地奔跑,追着太阳,追着风,追着我自己的影子。我用力吸进咸咸的海风,用力跑着,每一步都留下深深的脚印,清晰到看得出纹理,可很快脚印又会被下一个浪带走,不留半点儿痕迹。我只记得我一直追、一直追,但总是离得那么近却又那么远。追了很久我都没有感到疲倦,我把手攥成不同的形状,放在眼前,我肆无忌惮地盯着那些不规则的光束,肆无忌惮地奔跑,肆无忌惮地幻想着一切可以幻想的场景,就这样一边望着太阳,一边望着我的影子,一边望着海,一边一直追了下去。

　　醒来的时候,我躺在沙滩上。我的一小半儿脸一直被海水冲刷着,有点凉、有点麻,我能感到后背的皮肤因为吸收了大量的热量和紫外线变得紧紧的。我吃力地用晒黑的双臂把身体撑起来,开始回想之前的状态。那个奔跑的我像个孩子,似乎当我的双腿迈过人们的视线时,我的心并没有投射丝毫能量给他们,我只想追上那光、那影,不曾留意其他。而此刻清醒的我,偶然和沙滩上某些眼神相对的时候,猛然感到一丝尴尬。

但我的确记得,有某一个时间,我不曾在乎任何人的想法,不曾伪装,我是我,是个孩子。

我站在26岁的中段,遥想着35岁时的自己,那幅图画上的我应该是短短的头发、赤裸着上身、穿着大短裤、光着脚踩在细碎的沙滩上,大口喝着拔凉的啤酒,迎着太阳和风,把眼神和笑声全抛给了远处那片无尽的海与天,而眼角几道不深不浅的鱼尾纹则淡淡地回放着我是如何跋涉了35年的距离,终于抵达了那片沙滩、那片海,终于找到那份内心的宁静。

此刻,26岁的我并没有像童年梦想中那样,成为一个音乐人或者作家,很遗憾。投资人的身份,让我必须有足够的成熟、收敛、稳重和严谨。我端坐在一个朋友捐给我们的会议桌前,忙碌到连衬衫和长裤都来不及熨一下,皱皱地显示着我的勤奋和邋遢。我需要顾及很多人的感受,需要顾及很多有意义或无意义的想法,而代价是我开始慢慢忽视自己的感受和想法。此时此刻,我变成一名演员,演着自己并不认识的那个自己。于是,就在这张别人捐来的会议桌前,我开始了一场跋涉,一个从男孩到男人,再回到男孩的跋涉;从自我到我们,再回到自我的跋涉。不停地跋涉和表达,只为了寻找更多同类,为了不再孤单。我们都走在不同的路上,任何人都只是别人旅途中的过客和自己路上仅有的行人,人生是孤独的。

正如佛教所说的"轮回","35岁"是我假想的一个中点,一个离原点最远的点,之前是从原点走向那个点,之后是从那个点再回到原点。这个意象所指代的是一种美好的愿望——在整个旅途中能够找到这个中点,并且能够有足够的时间把自己带回原点,带回真实,带回自然。所谓"圆满",不在于离原点有多远,而在于绕了一大圈之后,你离原点有多近。

"35岁退休"这事儿,太多人在讨论,在批评,在期待,但恐怕像我这样张狂地把它作为一个标签——虽然离它还有十年,但在嘴上、心里仿佛已然是这么回事儿的情况并不多见。"35岁退休"其实只是每个人生命中的一个意象,"35岁","退"和"休"三个部分都并非真实的指代。懂我的不需要解释,不懂我的说再多也是徒劳,因此,解释并非我此次写作的目的。我更希望我是在展开一幅画卷,一幅我们每个人在年轻的时候,酒醉的瞬间,半梦半醒的片刻,都曾经闪过脑海的关于美好未来的画面。

周国平曾在《妞妞:一个父亲的札记》里抛出一个命题:一个婴儿,刚出生就夭折了,对她来说究竟是一无所失还是一无所得?从出生到35岁,所谓的成长伴随着让人无可奈何的得到和失去。在我憧憬的35岁"退休"之后的生活里,我将慢慢重拾那些与生俱来的梦想,舒展那些深入骨髓的天性。

我是一个极其普通的人,我希望站在万万千千和我一样的人群中,跟大家分享一个秘密,一个我一直都知道并且在践行的秘密——我们每一天都有变得不普通的机会。其实,每一秒都有。因此我能渐渐感受到,在未来的某一天,在生活的远方或者尽头,自己或多或少的与众不同所带来的惊喜。

我因为两件事要坚持写这本书,一是我需要一个机会直面自己的内心，并且把那些心绪一一地大声读出来，好让自己记得自己是谁，在长大的过程中不断地发现自己，重新结交自己。正如我们一生会认识很多人一样，我们也会认识很多个自己。

二是有太多人对我的"35岁退休"这个意象有怀疑和误读，不是不相信我能"退休"，就是以为我"退休"后会无所事事，再或者就是把它理解成年轻人浮躁地对财富的追求或是异想天开的狂言，因此我写下来可以让大家都更清楚一点。

这本书一半写实，一半写虚。一边是把一个我认识了26年的人所经历的趣事放在纸上，这是一种关于我之为我的叙述；另一边是在得到、失去和重拾自己最本源天性的过程中，把我的所想，所爱，所振奋，所失落的一切和盘托出，希望献给那些同样身陷茫茫欲海之中的人们，是以为救赎——我们都是迷途的羔羊。

2011年8月26日
于北京东直门

自序二
写在 35 岁时

爱

我蒙眬地张开眼,窗外又是一个明媚的早晨,天蓝得让我都懒得寻找词汇来形容。身上的肌肉仍带着昨天夕阳时冲完巨浪的疲惫,整个人都懒洋洋的。起身看到悬崖下碧蓝的海有如永动机一般,持续地制造着完美的管浪,这让我的头脑瞬间兴奋了起来。

我深吸了一口气,在泳池旁的甲板上开始做起了拜日式瑜伽,当伸展开有些酸疼的身体时,似乎每个细胞都感受到呼吸所带来的清新能量。眼前大片橙色、紫色、粉色、白色、黄色的花在到岸风的吹拂下摇曳着。我在瑜伽后的冥想也非常平静,巨大的海浪席卷着布满珊瑚礁的海底和柔软的沙滩,而轰隆的声响却让整个世界陷入了无比的平静之中。

跑步时,我无意间发现了村子里一家隐秘的精品酒店入口,我走进去跟法国老板互道了"Ça va!(你好吗?)"。慵懒的爵士乐配着法国人不着急的性子,我在他的注视下慢悠悠地看完了早餐菜单。

早饭后我开始写作,注意力却被一只小蚂蚁吸引了去,盯着它看了半天。一开始是一只,拖着一个大它十倍的昆虫尸体在玻璃桌面上爬行。为了爬下桌子,它甚至翻到玻璃背面,用嘴叼着硕大的食物,倒挂在光滑的玻璃桌面下艰难爬行,百般尝试之后,仍是寸步难移。不一会儿,另一只蚂蚁来了,它俩一边拽着食物的一部分,一边开始试着四处爬,没几下就爬到了桌脚,顺着就爬到了地面上。这会儿,它们已经顺利地抬着比它俩加起来还大好几倍的战利品离家又近了好几米。而趴在一旁看着的我,竟然出了神,脸都贴到了地上。

我叫苏禹烈,今年 35 岁,北京孩子。

爱音乐,爱海,爱一个在我 13 岁时走过我教室门口,名叫程程的姑娘。她回过头的瞬间,那微笑把我的一生都融化了。

藏 宝 图

今天是 9 月 13 日,一会儿改完第十三章和后记,这本书就算完成了,又和"13"相遇,也是我人生中不断重复的巧合。我看着十年前写的序,这会儿来写十年再序,仿佛对面坐着那个二十几岁,不知天高地厚的自己。

我原以为一动笔,不久就可以写完这本书,却无论如何都没想到一转眼就是十年。那时候所憧憬的"35 岁退休",如今就在眼前。很难讲清这十年里发生了什么,世上并没有"事实"这回事儿,只有不同的人对相同事物站在不同角度的不同认识。

多年前的一天，在北京一所高档公寓的洗手间里，我满是醉意地看着镜子里的自己，心生厌恶，于是有了出走的念头。而今早，我心满意足地在海边悬崖上醒来，再次看到镜中人，突然心生想念。当年那个狂妄的浑小子身上有一种原始的兽性和亦邪亦正的魔性。那种二十多岁叱咤风云的野性和魅力，女人爱，男人也爱。我感激自己在该狂妄和犯错的年龄犯过的那些错，一生中也只有那个年纪才有资格如那般轻狂。除了跟程儿过去十二年里暂时走散让我每秒钟都感到内心阵痛之外，我对其他所失似乎也并无丝毫悔意。相反，正是足够多的错误和失败才造就了此时的我，我感谢自己的冒失和这个世界的宽容。

我从小就迷恋探险故事，儿时跟外公在一起的时间很多，他捧着一本叫《上下五千年》的书，每晚睡前把里面的故事讲给我听。三十年过去，厚厚的一本书里我至今记得最清楚的是：治水的大禹，放羊的苏武，走西域的张骞，东渡的鉴真与下西洋的郑和。而我从少年时的一个想法，经过一路跋涉，从繁华的京城走出来，上了天，入了海，生生死死，惊险与浪漫，巨浪、飞鸟、星空，海岛、云散、月升，我阴差阳错地真的走到了今时今日。我迎着日出和海浪，坐在世界尽头的悬崖上，喝着一杯温热的洋甘菊茶，努力寻找着这本书写了十年的意义。此刻我突然想到《西游记》，整部书里好像从来没有提到师徒四人去西天取到的真经里到底写了些什么。

中国人在这个星球上走了很远很远，人类的足迹更是遍布世界各个角落，我这个小不点儿寻着祖先的遗迹，在风中和浪里倒也走出了一片天地。这本书权当是我画的藏宝图，既有线索，又有些模糊，算是尽己所能把来时的路勾勒了出来。而书的尽头是我用十年埋下的一份不足挂齿的礼物，等待你去寻找。任何愿意踏上这场旅程的人，尽管路还是要自己走，但至少多了这本可以随时翻来参考的小小指南。

礼　　物

我十年前写下了这本书的序。

那之后，我放弃了所谓的"光环"，从光鲜的高处重重地摔到了人生谷底，为自己的无知、轻狂、傲慢付出了沉重的代价，经历了最艰难的抉择和漫长的隐忍。

那之后，也曾有无数深深打动我的瞬间，那些壮美的景色，生死危机的关头，神奇的故事，璀璨的人性，浪漫的爱情和深厚的友谊。生命之美，难以名状。

那之后，我去了非洲的草原，耶路撒冷的哭墙，中东的沙漠，北美洲的雪山和大湖，南美洲古老的丛林，很多世界中心的神秘岛屿，当然我也又重回了安达曼海边，那片我曾醉倒的海滩。

我从一无所知的都市生活中出走，将自我放逐到天地之间，在狂风和巨浪里重新塑造着自己的体格和内心。

我思前想后，觉得与其仅仅是把万般痛苦和美好记录下来，不如打造一副旅行的手杖，拿上它，可以帮别人去看他们的天地——像我这样一个普普通通的年轻人如果可以，那么生而为人，每双眼都可以看得到，路就在脚下。

我把这本书献给生我，养我，这世上最美丽、智慧而坚强的女人，钟亚琴女士。

我把这本书献给用广东口音的普通话讲故事给我，德如山、心如水的外公，钟汝轼先生。

我把这本书献给用薄薄的嘴唇温柔地吻我的脸，用微笑融化我的世界，没有任何人如你那般爱我的美丽姑娘，刘程程小姐。

这个让你们又爱又恨，操碎了心的坏小子，长大了。

我也把这本书献给每一个如曾经的我一般狂妄而迷茫，充满理想又缺乏勇气，想去世界尽头寻找所谓"自由"的年轻人——"35岁退休"是个怎样的经历，只有过了才知道。一旦上了路，万事皆有办法，不要害怕。

2020年9月13日星期日
苏禹烈于巴厘岛乌鲁瓦图悬崖

目　录

第一篇
赚到梦想基金

第一章　我是如何赚到钱的　　　　　　　　　　2
　　　赚钱是个游戏　　　　　　　　　　　　　3
　　　赚钱的机会无处不在　　　　　　　　　　5
　　　时间带来智慧　　　　　　　　　　　　　6
　　　举手投足皆价值　　　　　　　　　　　　7
　　　不要亏钱，更不要浪费　　　　　　　　　8
　　　没有任何借口可以不思考　　　　　　　　10
第二章　没钱就对了　　　　　　　　　　　　　15
　　　白手起家是正道　　　　　　　　　　　　16
　　　万物生于有，有生于无　　　　　　　　　18

	快速解决生存问题	19
	金钱匮乏感	21
	欲望管理	22
	没钱是对的，但总没钱就不对了	23
第三章	给自己画像，制定目标	26
	自画像	27
	国王、骑士，故事线	29
	只缘身在此山中	31
	知彼即是目标	32
第四章	目标＝问题，计划＝答案	35
	只要有问题就一定有答案	36
	"变"是永恒	37
	价值与时间	37
	化整为零	39
	我的高考故事	41
第五章	选对行业，选准项目	47
	人怕入错行	48
	复合能力	49
	但做好事，莫问前程	51
	交叉比对	53
	万变不离其宗	54
第六章	跟对老大，选准伙伴	56
	贵人改变一生	57

强将手下无弱兵	59
何处遇贵人	60
定位一致、角色互补	63

第二篇 练出精英能力

第七章	收拾时间	66
	时间之唯一	67
	50 年 = ? 小时	68
	新一万小时理论	70
	我与时间之约	72
	持之以恒	74
	传球理论	75
第八章	把生活过好	77
	只活一次	78
	启动内心力量	79
	梦想 A4 纸	81
	以退为进	82
	走窄门	84
第九章	自信是练出来的	86
	谁是最了解你的人	87

	迷茫周期	88
	自信即自我	89
	三个习惯	90
	切勿半途而废	92
第十章	意志力也是练出来的	95
	意志力像肌肉一样	96
	顺成人，逆成仙	98
	懦弱的现代人	99
	找到快感	100
	我的意志	101
第十一章	规定时间完成规定动作	103
	天之时	104
	金庸也靠催稿	105
	海量工作法	105
	早计划，晚总结	108
	"寂静之法"	109
第十二章	充分休息	111
	缺觉	112
	养兵千日	113
	百病起于过用	114
	休息三法	115
第十三章	找对教练	121
	"0 到 100" 之路	122

	"教"和"做"	123
	"一张网"和"三个人"	124
	拜师须心诚	125
	三年挑水，三年扫地	126
	我的冲浪之旅	127
第十四章	更换朋友圈	131
	你是什么样的人，就有什么样的朋友	132
	以心相交	133
	无条件的信任	134
	别混圈子	135
	电磁铁理论	137
	先做事，再交朋友	138
	好朋友是否能共事	138
	兴趣爱好才是圈子	139

第三篇
找到你的生活方式

第十五章	你喜欢的日子长什么样	142
	脱口而出的才是喜欢	143
	我们都是历史，都是故事	144
	视觉化你要的日子	144
	天堂里也有烦心事儿	146

	享受当下	148
	"书"里和"路"上	149
第十六章	从培养兴趣开始	153
	喜欢并擅长的事儿	154
	花一秒钟问自己	155
	用心决定,用脑执行	156
	你在兴趣爱好上投入了多少	157
	不会才去学	158
	别急着跟大师比	161
第十七章	把兴趣练成技能,再攒成才华	162
	唯有才华与品格	163
	个性舒展的时代	165
	找到来时的路	166
	"0 到 100"	167
	最后的"1"	171
第十八章	不断探索未知	173
	未老别先衰	174
	别被"已知"限制了人生	175
	删掉"困难"和"不可能"	177
	探索永不停歇	180

第四篇
断舍离

第十九章	锻炼决策力	184
	决策力也是练出来的	185
	三思后行，到三就行	186
	重大决策只要一秒	187
	做决策的底气	190
	到了时间你就一定要上场	191
第二十章	自律自律自律	193
	人生不可有一刻松懈	194
	自律也是练出来的	195
	自律是快感不是禁锢	198
	只要开始，都不晚	199
第二十一章	最后的心理建设	201
	其实你一无所有	202
	放不下的那些事儿	205
	任何时候"退休"都会后悔	208
	择机而动	210
	"干完这票"还是"说走就走"	212
第二十二章	幸福有时让人恐惧	213
	新生活如同恋爱	214

	享受独处时光	215
	看看过来人	216
	给过去留一道桥	218
	来去自由	220
第二十三章	找到新节奏	222
	别太快慢下来	223
	送自己一个完美的人生	224
	新的起居时间	224
	新的饮食结构	225
	新的运动方案	225
	新的穿衣风格	226
	新的学习计划	227
	新的做事方法	228
	新的社交网络	228
	不要害怕	230
后　　记		231
	十年	232
	35岁"退休"	233
	我的生活	235

第一篇

赚到梦想基金

第一章
我是如何赚到钱的

赚钱是个游戏

一提到"退休",总是跟钱分不开,最常被人问起"你是赚够钱了吧?"一类的问题。所以应很多朋友的要求,先从我是怎么赚钱的说起吧。

每当我回顾创业投资和周游世界的人生旅途,我最重要的收获并非是那些我所赚到的钱,而是我对"金钱游戏"规则的理解。钱来了又去,不停流动,没有谁真正拥有钱,大家所有的只是使用权,我经常说"钱只是过过手而已"。跟空气和水的流动一样,钱在流动的过程中也必然有其规律和规则。因此,理解赚钱的规则和练习赚钱的能力,跟古人学习和掌握狩猎技巧没什么区别,这也是我要在书里介绍给各位的。我经常会说"If I need money, I'll call, I won't call if I don't need.(当我需要钱时就会去安排,如果不需要,就不会。)"

先说说我"退休"后的日常生活:每天起床后,我先冥想和思维训练,然后看浪报,安排冲浪的时间;之后做些瑜伽,或者是其他训练；早饭后写一天的计划，看各种金融市场，比如 A 股、港股、美股和数字货币，分析数据。

长期观察这些数据会让人对市场有一种感觉，对很多公司、股票、货币、商业模式都非常熟悉。很像人和人的相处，你会记得他过去的样子，再对比现在，也就能知道这个人哪里有变化，以及他变化的趋势。长期研究金融市场，就会自然而然地长期关注世界宏观经济，各国政策，同时会对身边发生的每一件事都产生价值联系，从变化中看出一些规律，这一切所形成的感觉，就是你的"护城河"，是无法比拟的人生经验。

我做交易不算频繁，但也会不断有些调整，派自己的钱出去"工作"。这很像我小时候最爱玩儿的那种"小人儿"玩具，有士兵、坦克、吉普车、飞机、大炮。我每天排兵布阵，经常是从早到晚，连续几天来指挥一场战役。我的交易风格有时平和，有时激进，人无完人，我只能尽量遵守自己制定的原则和纪律。对我来说这是长期要做的事，而不是以一夜暴富为目标（事实上，这种想法会让人下场很惨）。每天看这些数字、公司的变化，看到微观数据和宏观经济的关系，是件非常有意思的事儿，像是我每天跟自己玩儿的一个小游戏。

赚钱也很像小时候玩儿的养成类游戏，比如今天学了数学，数学就会涨分，但体育可能会减分；注意打扮，魅力值就会增加，但智力或体力有可能会下降。赚钱也如此，一定要理解，任何一件事都可能会赚钱，但也同时存在赔钱的风险，反之亦然，一切都是此消彼长。比如在股票上，如果看到整个市场出现恐慌，大家的资金都在逃离，那就直接去买黄金或者其他避险的金融资产就好了，原理是很简单的,只是人的智慧和专注容易被过于繁杂的信息所干扰。所以我经常在做出一个商业行为后,会接着做另外一件有相反意味的事将其抵消,尽量中和风险。

赚钱的机会无处不在

总是听到有人抱怨"钱难赚","碰不到机会","没有别人的好运气",等等。我同意世界上没有哪个目标可以一蹴而就,也罕有一帆风顺的旅途,但我相信只要广开思路,用心观察,不断学习,赚钱的机会无处不在,并且永远如此。

我意识到这点是某年在泰国度假,那会儿我正在海滩的躺椅上晒太阳,我最好的哥们儿就坐在我旁边。他是个备受尊敬的泰国救生员,也是 2004 年普吉岛海啸的幸存者,海啸发生时他正在海滩上执勤,三个巨浪都拍在他身上,那是他永远无法忘记的生死记忆。我正惬意地看着海滩上的比基尼美女时,他突然转过头跟我说:"你看,每天来泰国旅游的人这么多,人人都在消费,遍地都是机会,怎么会赚不到钱?"这句话让我有种当头一棒的感觉。

很多人都在发愁钱从哪儿来,认为经济不好,钱不好赚。可想想每天有多少人在花钱?哪个行业、领域没有人花钱?消费行为贯穿于每个人生活中的每一天。即便因为疫情全球经济停摆,但我们可以看到,股市跌得最狠的时候,黄金在涨价;我们也能看到一些公司,比如做视频在线会议的 Zoom,最近涨了好几倍;Peloton,一家做智能家庭健身设备的公司,其实就是做带直播屏幕的跑步机,你可以付费买课程在家边看边训练，比如跑步、打拳、瑜伽。疫情爆发之初我就认定了这家公司的股票肯定要大涨，疫情导致大量公共场所关闭，健身房自然不例外，因此在家进行个人锻炼的需求会发生指数级的增长。2020年1月底我回巴厘岛时，这家公司市值70亿美金，现在是140亿美金，也翻了倍。如果之前投资了2000块钱，什么都不用做，现在就变成4000块，如果是2万块，同样什么都不做，现在就变成4万块。在普通中国二线及二线以下城市，不铺张浪费的话，2万块钱应该能满足几个月的生活费。我举的是小而具体的例子，想借此说明这种机会非常多，甚至可以说遍地都是，如果仔细观察会经常觉得弯腰捡都捡不过来。以上我说的是金融市场，创业领域也是一样的。

时间带来智慧

现在说回我以前创业是怎么赚钱的。我大学三年级开了人生第一家公司，当时看到的需求就是有外国人到中国留学和旅游。留学的人长期停留，但多半只是学语言，旅游的人只待几天，基本就是逛景点，我认为这两类人群的经历中都似乎缺了些什么。于是我就想是否可以把旅游观光、语言学习和文化体验结合在一起。所以我的第一个创业项目就是文化交流，做外国人的文化体验团。当时是从北大孵化器的地下室里开始的，学校支持创业，给了一个很便宜的小办公室，我的创业之路就在地下室厕所旁边热火朝天地展开了。

虽然商业模式里的一些漏洞让我在当时并没有把这个公司做大，

但这个模式后来被我一改再改，一用再用。到了 2013 年我用这个模式赚了些钱。当时我转了个方向，带同胞到特殊目的地旅行，例如非洲、以色列等，同时加入文化体验、学习交流，以及名人效应。徐小平老师等国内著名的投资人也都跟着我们一起出去玩儿，一路上就像个旅行中的商学院，现在也叫主题旅行。今天，很多商学院都在模仿我们当年的模式，把培训与课程办在旅途中，实质就是我大学创业时做的事。但我那时的能力和资源都不够，模式又有些超前，就需要等待几年才能开花结果。

到了今天，我在巴厘岛、夏威夷仍然在做类似的事情。比如我作为巴厘岛的形象大使，任务就是成为窗口和桥梁，让大家能够看到我们在这边怎么玩儿，怎么吃，怎么融入当地文化，亲近自然和艺术。时间过去十几年，现在的人也完全不局限于逛景点、拍照片，在旅行中学习语言、瑜伽、潜水、冲浪，以及当地手工艺等成为更多人的需求，大家都期待更丰富的人生体验。我这个"大使"，除了参与宣传之外，也参与到旅游局、当地政府以及企业的政策制定和产品设计中。

我赚到这个行业里的钱是因为我从 21 岁就在做类似的事，可以从容地说出市场是如何发展的，需求是怎么变化的，有哪些万变不离其宗的规律。旅行只是我熟悉的领域之一，投资其实也一样。

举手投足皆价值

能否赚到钱或能否赚到更多钱，取决于你每天所有的动作中有价值的占多少比例，以及你积累这些价值的时间总和。

我每天都要骑摩托去冲浪，路上会经过三四个货币兑换点，每次经过我都会瞄一眼各种货币的汇率，然后三四家进行比较。骑去骑回，什么都不看也是跑一趟路，但留了心就会获取些有用的信息。我记得4年前刚来时巴厘岛美元汇率1∶13000，现在是1∶15000，有时汇率一天的浮动就超过10%，一周超过20%，所以兑换的时间点直接影响着财产价值。观察时间长了，就会对汇率变化及其背后的宏观经济格局变化多一些感觉和把握。

因此提升日常动作的价值很重要，你会看到在财富积累上越成功的人，举手投足就越有价值，不是说每个动作都在直接赚钱，但一定都跟商业、资产、财富有关，始终带着思考和对世界的洞见，也有人把这叫作生活经济学。

不要亏钱，更不要浪费

在谈如何赚钱时，有件事往往容易被忽略，就是千万别赔钱，别丢钱，别浪费。曾经有几年，我平均每年丢三部手机，三个钱包，三副太阳镜，简直成了规律，经常被家人和朋友取笑。那时候我二十多岁，喜欢追逐名牌，我每年所丢东西的价值相当于让我凭空多了三四万块钱的生活成本。丢东西和钱还都是小事儿，关键是证件、手机卡等等，丢了都要重新办理。

我原来完全不在意，认为这都是小事情，说丢就丢，说买就买而已。但后来我意识到每丢一个东西，尤其那些被浪费掉的时间、精力，都是组成我生命的一部分，本可以用它们来创造更多的价值，但被浪费掉，就是里外里地损失了。丢掉价值三四万元的东西，相当于一个税后 30 万元的人一个多月的劳动成果付之东流，这个薪资水平在国内已经算比较高的标准了。而十年累计的话，就相当于有一年的劳动成果被彻底浪费，回想起来真是可怕。

浪费同样是财富流失，经常在派对上看到垃圾桶里还剩一半的红酒瓶、只吃了一半的牛排。一瓶红酒几百、几千，甚至几万元，一半被扔掉，扔掉的都是我们的生命。酿酒人、运酒人、卖酒人和饮酒人，那些大家所投入的时间价值，都被随意丢进了垃圾桶里。

2020 年我们生活的星球发生了大事，疫情之下，节约变得更有必要。如果世界上没有这么多的浪费，每个人不是无止境地消耗，人类需要这么多资源吗？会造成这么多污染吗？我们都是需要的不多，想要的多；用到的不多，浪费的不少。

在都市生活里，大部分人都觉得自己的钱不够用，但又都在浪费。很多人赚钱本就不容易，再不会保护来之不易的财富，一头进不来，一头天天出，肯定是富不起来的。你不照顾财富，财富也不会照顾你。我不赞成过分节约或吝啬，但憎恶浪费。消费主义至上对人类到底是好事儿还是坏事儿，我们会慢慢有所了解。

2020 年政府工作报告显示国内月均收入低于 1000 元的人口比例超过总人口的一半，六七亿人还在这样的低收入水平上挣扎。很显然，我们的财富应该被更好地支配。

没有任何借口可以不思考

隔开贫穷和富有的鸿沟，就是思考。活着就要勤于思考，不劳心就一定会劳力。

绝大部分人是以劳力为生的。那些白领、金领们，看似在办公室做着体面的脑力工作，但无非是缺乏独立思考的"变相体力劳动"。很多人不服气，别急，我的判断依据是：一个人如果有超过百分之五十的时间是在按照别人的指令做事的话，那就可以认为他可能缺乏独立思考的能力。那些别人让你干吗你就干吗的人，在我看来都属于劳力者。为什么说得这么绝对，因为思考力是花时间训练出来的，跟你聪明与否，学识多少不直接相关。只要不能长期保持足够多的专注思考时间，都没法拥有思考力，即便是那些思想极有深度的人，只要一段时间内停止思考，只听从别人的指令，他的思考能力一样会快速退化。在办公室里做着重复性"脑力劳动"的白领们，并不能通过这些工作获取思考力。同样，思考力的高低也不取决于你的社会位置或者收入水平。我跟很多大公司的高管打交道，他们的成就都来源于背后的公司背景，很多人无非是大型商业机器里的一颗小小的螺丝钉。倘若脱离大公司的名头、资源、资金，以及团队协作，他们中的很多人并没有多少真知灼见，更谈不上全局观、战略思维、胆识。而这些人也往往长期缺乏安全感，他们必须拼命工作，保住饭碗。相反，我们看到那些创业者，哪怕是那些做小买卖赚钱的个体工商户，都非常勤于用脑，善于发现机会，并且能够面对各种各样的市场突发状况。

第一章　我是如何赚到钱的

举一个我身边非常惨痛的例子：我的司机从 2007 年初开始给我开车，一晃 13 年了。他是个手脚非常勤快的人，不管多远、多麻烦的路，他都能准时、安全地接送我。因为经常帮我接送客人，他能接触到许多商人、外国人、文体界人士，甚至是明星、名人。但他一没学会怎么做生意，二不懂文化体育，三没学到任何其他技能，四更没学会任何外语。他的勤快只是身体上的勤快，仅限于开车的行为，但却不会动脑子，懒于思考。13 年里，他如果能把车上的谈话认真听一听，学学其中的知识，认识下这些朋友，想必人生都会大有不同。不思考，就没法选择人生。我有几次给了他彻底改变他生活的机会，但又眼看他错过。前几天通电话，他在北京的一家食堂卖饭，多年来，我身边的朋友一个个地走上人生新高度，只有他始终在底层上不来。

2013 年我决定"退休"前就跟他商量了一年多，那时候他决定等我退休后继续跟我走，去海南开创新生活。我告诉他，我在海南的事业不大，但好歹有个落脚点——一个小小的冲浪客栈。他可以做些打理性的工作，花一段时间熟悉当地环境，了解周边情况，再慢慢发展。为了表达对他愿意追随我闯荡天涯海角的尊重，我特意买了头等舱机票，请他到海南玩儿了两次。他玩儿得很开心，觉得一切都好。之后我让他专程从北京把车开过来，准备在海南扎根。可突然有一天他说要回家办个事儿，没跟我正式打招呼就跑了，走的时候也没说什么时候回来。于是我就一直等他，从春天到夏天，一直到入了秋。直到我回北京看望家人，他来机场接我，我问他怎么再也不来海南了，他支支吾吾，欲言又止。我其实猜得到，他觉得客栈太小了，没前途。其实做客栈根本不是我的目标，客栈只是个落脚点而已。我当时在海南看到两个跟他密切相关的大机会：第一个，那时是2014年，海南的共享出租车行业还没开始发展，我认为当地旅游业的增速之快，势必带来共享出行业务的蓬勃发展。他原本就是开出租车的，对于行业里的规则都熟悉，又是从北京来的，无论如何都有相对超前的见识和理念，在当地一定有发展机会。现在看滴滴出行在海南的业务，很多都是由当时做大的个体司机们在管理。第二个，海南当地不少人有赌博的陋习，赌博的恶果之一就是卖车卖房抵债，所以当地形成了一个特殊的二手车交易的增量市场。我住在村子里冲浪，出去走一圈，可以听到家家户户院子里都响着麻将声，单凭这一点就能知道机会在哪里。我的司机不仅车开得好，而且懂机械，能甄别车况，我当时认为二手车交易也是他的机会。

回头看看这几年的市场，无论是共享租车还是二手车交易，都出现了大公司。滴滴在收购快的、优步过程中发展成了巨型公司；瓜子、人人、优信二手车也都拿到了海量融资。执行上的事儿没人敢假设，但这两个方向肯定是对的。如果他当时能多一些思考，把目光和眼界放长远一些，凭借这两件事，在当时的海南立足是不成问题的。

滴滴出行最早是在我的必帮创业孵化器里成长起来的，我对它们多少有些了解。2014年见我的司机没来海南找我，我就第一次告诉他可以用我的车加入滴滴当司机，他没听；到2015年3月我去夏威夷冲浪之前跟他讲，他还是没听；同年10月我周游到巴西又跟他讲，后来到了2016年我回国时还跟他说："你当年没跟上滴滴一起创业,但现在好歹也能去当个司机,滴滴在初创阶段对司机有很多补贴,要抓紧机会。"但他始终没去。

又过了几个月,突然有一天他打电话向我借车。原因是他的好朋友做了几个月滴滴的司机,月收入能达到三万元,他听说之后就立刻想通了,决定去滴滴当司机。我问他:"滴滴是在咱的必帮咖啡创业出来的,之前跟你建议了那么多次,让你去滴滴做司机,你为什么不去?"他回答我说,他在必帮咖啡做采购时,经常坐在程维的创业团队旁边听他们说未来"打车不要钱"之类的话,他就认为这个"滴滴"是一群骗子,所以始终心有芥蒂。他只相信他眼前看到的事情,缺乏对未来、对市场的判断,所以一直不愿意尝试。于是在我跟他提议了一年半之后,在看到他的好朋友亲身经历之后,他终于想通去做了。他绝对是金牌司机,北京城哪里客人多,哪条路好走,哪里有小路可以钻行,他闭着眼睛都知道,完全不像其他司机需要大量依赖导航。因此在他驾驶期间,所有滴滴出行对司机的奖励,他都名列前茅。可是他入场时滴滴对司机的补贴已经大幅下降,即便他各项排名几乎全北京最高,也只能得到两万元的收入。随后,滴滴对司机的补贴、奖励期结束,他的收入也随之继续减少,不到一年,这份工作就变得如同鸡肋,于是很快他就停了下来。最后,他跟我说:"如果早想明白听你的就好了,拖了一年多,差不多少赚了一辆宝马3系。""早想明白",听起来很简单,但真的想做到,需要深入而清晰的独立思考,提前看到那些尚未发生的趋势和变化,并快速采取行动。

顺便说一下,我那小冲浪客栈后来出了名,2018 年在意大利有一本与我的冲浪客栈同名的小说被出版,叫作《卡玛客栈》(*Karma Hostel*)。"Karma(卡玛)"源于梵文,大概意思是因果轮回。Karma 客栈是中国最早的一批冲浪客栈中被大家所熟知的一家,我们中的一个合伙人如今成了意大利知名的作家和诗人。他回意大利后,把客栈几年里发生的故事写成了一本小说在罗马出版,最近又要在全球发行,还要筹拍电影。同样经历了那家客栈,我的司机和我们几个人的人生之路完全不同。

在天平另一头的是那个进我公司时只有 21 岁,面临大学毕业的实习生。我决定退休后,安排他去了其他风险投资基金工作。到他 26 岁那一年,他已经投出了 4 家"独角兽"公司,自己也上了福布斯亚洲地区 30 位 30 岁以下的精英榜单,而后他接连做了几家大基金的副总裁。他上周打电话向我报喜,说他跳槽去了一家全球顶级的私募股权投资基金,做中国区的首席代表。小伙子 1991 年出生,现在才 29 岁。当年他就非常勤奋,每天陪我加班到半夜,实习了没多久就开始跟我讨论问题,分析公司情况,做了大量财务、法律相关的基础性工作,阅读大量的商业计划书,撰写分析报告,建立了非常清晰的商业逻辑。当时我的几个合伙人都不看好他,但我就认准他绝对是个人才,因为每天我在跟他一起讨论问题时,能够切身感受到他思想上的勤奋和进步,我在后面会更多地介绍他的成长故事。

很多时候,一个人的人生价值几何,能否赚到钱,我只需要跟他聊几句,感觉一下他的思维模式和花在思考上的时间,就能有所判断了。想赚钱,想拥有品质优渥的生活,就请务必给自己留出思考的时间。

第二章
没钱就对了

白手起家是正道

经常听到有人抱怨自己没钱、缺钱,但没钱有什么可抱怨的?每个人都是两手空空而来,两手空空而去。即便是出身富裕家庭的人,如果向上追溯几代,他们的先人也都是白手起家的穷苦出身。想成为生活中的强者,应该随时都敢于从一无所有开始,花一段时间拳打脚踢,为自己创造出一片新天地。

最近看到国内顶级的互联网公司做复盘,深入分析曾经失败的项目,在分析报告中可以看到,很多项目失败的主要原因并非是资金投入不够,反而是因为钱投得太多。过多的投资导致团队习惯于用钱解决所有问题,从而限制了团队的创造力与韧性,并造成了大量的铺张浪费和不必要的支出,最终使项目功败垂成。我团队里曾有个成员,每次一说到开展新业务,他第一个就要问我会给他多少钱来做事。我给他的回答是:"阿里巴巴和腾讯的创始人当初都只投资了50万元人民币,你要是也能保证自己做出这样的结果,我现在就给你的账户汇 200 万元现金。"而每次说到这里，他就答不上话了。这就足以判断，他总是抱着打工心态，只会也只愿意拿钱办事，很难上层次，我也因此很快结束了跟他的合作。曾经那些创业的前辈都是在自家小车库、地下室，以最最简陋的条件开始传奇的旅程，那些故事时刻都能让人充满斗志和力量。而现在一些创业者动辄需要上千万投资，创业过程中要求高工资，遇到问题都靠花钱解决。这也是他们容易失败的原因。人总是在一穷二白时才最有创造力和破釜沉舟的底气，这也几乎是每个有所成就的人一生中最引以为傲的高光时刻。

  一切都是认知水平和方法的区别。大部分人会问，如果没有钱，怎么开始一件事？我回看自己的创业路，除了那些投资，做基金的板块，其他很多事情并不需要大量资金就可以启动。回想大学刚毕业那会儿，人人都没钱，没钱是再正常不过的事儿。小时候玩大富翁游戏也是这样的，刚开始每个人的资金都很有限，需要经历起步阶段的缓慢积累才能够达到良好的财务状况。把起点和态度理清楚，就能够坦然地面对这样一个事实。从全社会看，少数人掌握了多数资金和资源，大部分人缺乏资金和资源，这是常态。相反，抱怨没钱才不正常，这是一种坏风气，如果天天为此烦恼，就很难有好的能量。我在"退休"之后的这些年里体会到的一个重要人生原则就是，与其为不可能立刻改变的事实而感到消极和困惑，不如调整心态，改变自己对这个事实的看法，发现其中积极的一面，比如把没钱或缺钱变成一种动力。

  最近有不少朋友问我是否有项目需要投资，他们愿意参与进来。

我和他们说我不缺钱，因为我所做的事多半是脑力密集型，不太需要用大笔资金来启动，如果需要小规模的前期投资，我跟几个合伙人也就自己内部解决了。对于合作，我反而更相信那些不用给钱，也愿意一起做事的人。把大家的智力、资源转化成商业模式，变成收入，是最好的结果。用每个月5万块薪水雇来的人，大概率做不成事儿，因为他是来打工领这份工资的，不是来一起创业的，所以没有钱不仅不是坏事儿，还有可能是检验创业伙伴的试金石。

万物生于有，有生于无

道德经第四十章里讲："弱者道之用。天下万物生于有，有生于无。""弱"的时候才是"道"开始发生作用的时候，万事万物都是从无到有。认为一开始就要"有"，之后才能有更多的想法，本身就不靠谱。

2020年我又一次经历了生活的巨变：我2月1日回到巴厘岛，第二天中国和印尼之间的所有航班就由于疫情的蔓延而被取消，整个巴厘岛进入了封闭隔离阶段。我当时迅速做出了几个重要判断：第一，想短期内回国是不可能的，国家、航空公司政策的调整，会以"月"，甚至"年"为时间单位，被取消的航线，即便是明天疫情就能缓解，都不可能立刻恢复；第二，疫情在全球范围内不可能很快被控制，因此全球性的恐慌、隔离会持续很长时间；第三，我2019年本打算结束七年周游世界的生活，回京好好陪伴家人，所以那时我已经开始把在海外进行中的事业收尾，准备回国定居。但回家待了几个月后，发现北京干燥的气候，始终没有彻底解决的污染问题，快速、紧张的生活节奏等方方面面，都已经让我很难再次适应和融入。所以既然这次出来，短期又回不去，那就应该人随趋势而动，快速在巴厘岛重新把根扎下。

决定下来后，我就开始跟病毒和时间赛跑，一定要在病毒被控制之前，把海外的生活重新建立起来，这样将来就不必受任何地域限制，获得更大的自由度。于是我这几个月就开始把原来已经停掉的，在印尼投资、合作的项目重新建立起来，也把之前未完成的书籍写作、音乐创作等重新进行下去。

快速解决生存问题

前面我讲了"没有钱"其实是生活的初始常态，接下来说说如何突破这个状态，从无到有。先来看看最近一部很受欢迎的BBC出品的纪录片——《富豪谷底求生存》。主人公的思维方式跟我很相似，有些方法我也始终在用，但制片方在节目里表达得更加淋漓尽致和系统化。

这个富翁白手起家一路奋斗到亿万身家。剧情一开始，节目组只给了他100美金、一部手机和一辆二手皮卡车，把他送到一个他完全陌生的城市。他的任务是：在100天内创造一家估值达到100万美金的企业。

看看他是怎么干的：他把目标分成了四个阶段。首先，他用最短的时间来解决100天生存所需的费用；第二，策划出能够在剩下时间内达到 100 万美金估值的商业模式并同时组建团队；第三，筹备所需创业资金；最后，在规定时间内把企业创造出来。他在其中对每个阶段需要多少资金，要用多长时间与用何种方法筹集，都有清晰的思路和预估。他先用了十几天，通过捡被人遗弃的二手轮胎并倒手转卖，赚到了 100 天所需的生活费；与此同时他在当地进行调研，并广泛结交朋友，做商业计划并组建团队；之后他花了不到一个月，通过倒卖二手车和二手房来过渡的方式，赚出了创造百万美金估值企业所需的创业资金；最后阶段他真正开始领导团队，专注打造创业公司。

  我此次跟病毒赛跑，也是这么做的，先算出今年需要用多少钱，再计算未来 20 年要用多少钱（我从少年时代就开始喜欢做时间跨度极长的人生计划，并以此来培养自己的眼界和视野）；然后我计划出要用多长时间来解决今年所需的资金，以及要用多长时间来解决未来 20 年要用的资金。所以我 2020 年一整年在海外的生活费用在 5 月 4 日我 35 岁生日前就已经安排好了，后面的时间都是用来赚我未来 20 年所需要的钱。不管我在银行里是否有存款，在金融市场上是否有投资，我都会把赚到每年基本的生活费作为年度小目标，不断去达成，以训练自己时刻有解决生存问题的能力。这种能力会让我总是拥有从零到一的底气，有从头再来的信心，这也是一种需要常年培养的能力，不练水平就会下降。

  事实上很多物质条件优越的人不敢放弃现有的一切，并重新选择生活，原因就是他们在成长过程中，尤其是在物质越来越丰富的过程中，忘记、丧失了上述的基本求生能力。

第二章　没钱就对了

金钱匮乏感

对钱的匮乏感是大多数人的状态,这种状态形成于家庭观念,教育机制,社会体制等诸多原因。很多人在别人眼里已经是"有钱人"了,但自己仍然觉得物质匮乏,原因不在外而在其内。

某天我跟好兄弟通电话,他人很善良,有才华,有家世,自己也小有名气,我非常敬仰他。他的生活始终非常热闹,做很多事,结交很多朋友,但就总是缺钱,有时候连打车,跟朋友出去吃饭约会,几百块结账的钱都没有。我和他说,不管你喜不喜欢听,但如果你长期缺钱,一定是你某部分认知存在问题。我怕伤他自尊,有句话到了嘴边又止住没说:这类人往往除了抱怨缺钱之外,并不为赚钱做真正的努力,甚至对赚钱的行为充满蔑视。

我有两个观点,一是要想清楚:钱和空气、食物、水是一样的生活必需品,或者很多时候钱就意味着空气、食物和水。它是用来交换其他物质的一般等价物,我们不该不尊重钱。我倒觉得应该用平常心来看待,把钱看作每个人都应该拥有的日用品,正如没人希望家里缺水、缺电、缺食物。二是如果回到远古时代,那时的人类都是靠外出打猎来养家糊口,那么古代的"打猎"和今天的"赚钱"行为本质上并没什么不同,我们不能说出去打猎的人,或者打猎能力强的人都是俗人;相反,在那个年代,不去打猎或者不具备打猎能力的人倒是懒汉和废物,在氏族社会里也不太容易受到别人的尊重。

所以我始终认为态度最为重要——别清高,也别恶俗,不要以赚钱为人生唯一的目标,也不要好吃懒做,不劳而获,大大方方地赚光明正大的钱就可以了。没必要人人都去追求大富大贵,但也要能让自己和家人过上物质相对充裕的生活,不匮乏也不浪费,刚刚好。

欲 望 管 理

"欲望"绝对是赚钱的动力,但听上去似乎又总是带有贬义。合理的欲望不是坏事,缺乏对欲望的管理才是坏事。不可能人人都是佛祖、隐士,不可能人人都修道、修仙。正常人过正常日子,想吃好点儿、穿好点儿、用好点儿、出门舒服点儿,都是合情合理的。为这些基本追求而努力,也值得被理解,被鼓励。

另外,我们这些普通百姓又见过什么呢?能有多大欲望呢?事实上,很多时常觉得自己缺钱,赚钱少的人,欲望并不大,无非就是换换新手机、新电器、新衣服、新车等。但他们的欲望很杂乱,缺乏规划和管理。真正天天想着要买飞机、游艇、海边豪宅的人能有几个?每个人也就是往现状上面看一两个层次,比如现在开本田,就想明年换辆宝马,再往上换一辆路虎SUV,没听说谁缺买架湾流或者庞巴迪的钱。缺都是缺小钱,舍不得的也都是小钱。

消费主义导致的欲望泛滥让人变得哪里吸引他,他就在哪里花钱。每逢有品牌、平台搞活动,中招的就是他,这是一种滥俗的低端物欲。这类人到头来发现买来的东西特别多,但都没太大用,而且都没有保存价值,更谈不上升值。而他们一旦有正经事需要用钱,比如为自己的兴趣爱好买单,为出去看世界、学习,长见识花钱,或者为自己热爱的事业投资，就拿不出钱来了。对啊，他们的钱都被浪费在那些稀里糊涂的欲望里了。

要解决这类问题就得进行欲望管理，培养兴趣爱好是不错的选择。你看那些喜欢玩儿表、玩儿车、玩儿琴，包括玩儿极限运动的人，看似赚一点就花一点，很不节俭，但他们中的很多人平时生活很简单，并不是高频率地乱消费，他们都在努力赚钱、攒钱，并且把钱花在自己喜欢的事情上，既练出了某领域的本事技能，又结交了志趣相投的朋友。

培养赚钱的能力和提高欲望管理的能力同样重要。赚钱能力越强的人，就能越多地满足自己的合理欲望，幸福感也就越强。欲望的好坏是由它是否对你和他人有益来决定的，好的欲求值得被满足。当良好的欲望被不断满足，人也就进入了一个良性的财务和生活状况。所有我们"拥有"的东西，都会消耗我们的时间和精力，所以欲望一定要少而精。

没钱是对的，但总没钱就不对了

钱的多少不是靠空想，总是花时间抱怨钱少，是人性的懒惰，我从来都没有时间和精力用来消耗在毫无意义的负面情绪上。比如写作这本书的想法，从大学时代就在我脑海里出现了，但真正完成它，则是建立在十年来海量的工作基础上的。首先我身体力行地在 27 岁完全不知道未来何去何从的情况下，坚定地选择了提前"退休"，放弃了一切物质条件和所谓的社会地位，开始周游世界，增长见识；

其次,我在八年的游历中总结并打磨出一整套自己的处世方法,其中蕴含了种种在多年前完全不能被人理解的重大人生抉择,以及我在旅居途中所遇到的无数困难和磨炼;再次,我在写作过程中跟编辑、同事、朋友和家人一轮轮打电话,写问题,列提纲,写作、修改、成稿、编辑、校对,无数次反复,光是被我扔进纸篓的文章就不计其数;还有后来我在海外把书里的内容拍摄成课程,早出晚归,背稿子,做制片,顶着烈日一拍就是一整天的辛劳。前几天我打电话给我的编辑和出版社的领导,谈起他们在这十年中对这本书所付出的努力,漫长甚至几近无望的等待,没有任何一个人在这个过程中所付出的努力是轻而易举的。但想想在所有的环节中并没有哪些困难是需要很高的水平才能克服的,只要自己努力,把该办的事都办完,把脑子里的东西写在纸上,并不断修改,总是可以完成的。而反观少年时代的自己,总是想得多,做得少。天马行空的思维是必要的,而脚踏实地的行动更有着金子般的价值。

我有个妹妹原来是某直播平台的市场总监,后来她跟着老板跳槽去做区块链。她想去意大利旅行,却被使馆拒签,理由是账户上钱太多,使馆需要她解释清楚这些钱的合法来源。她来巴厘岛看我时,一脸沮丧地让我帮她给使馆写信说明。我笑着跟她说换了行业,这么快就有了这么多收入,应该高兴才对。而她告诉我,在北京、上海生活成本高,房子贵。她平时也不乱花钱,就是想买个自己的小房子,最近刚开始赚得多了,但离她的小愿望还有点儿距离。

跟她一起玩儿了几天下来,看她真的非常辛苦,不停地做事,一整天都在帮别人服务,交易。我说:"你来这儿住这么好的酒店,不看看海，只看手机。"她抬起头不好意思地笑着告诉我："你稍等一下，我刚刚这会儿又挣了几万块钱。"我能看到这个小姑娘是在为合理的欲望奋斗，方向对，人又勤奋，进步很快，自然她的财富也得以快速地增长。

从她身上我看到了几个闪光点：第一，有魄力，能跟着老板跳槽去创业公司，走出熟悉的领域，从事新兴行业，这意味着风险，一般人未必能很果断地选择；第二，有悟性且不怕辛苦，新事业刚刚开始几个月，就能成为小专家，样样拿得起放得下，背后必然是超过常人的努力；第三，欲望管理很到位，钱都用在学习、旅行这些让自己进化的事情上，我能清楚地看到她未来持续成长的可能。我开玩笑地问她："能这么快赚钱的事儿，我能不能做啊？"她回答我，她做的工作并没什么天大的难处，谁都能干，但大多数人不愿意专注，也不愿意吃苦。

想和做是两回事。随着我的人生经验越多，越发现很多领域都是只要能踏下心去做事，并且有头有尾地做完，就一定有收获。但很多人不愿意主动思考，更不愿意真正地付出劳动，要么空想，要么浅尝辄止，所以总是没钱。人应该往前走，起步时没有钱是对的，但总没钱就不对了。

第三章
给自己画像,制定目标

自 画 像

《孙子兵法》中大家最耳熟能详的名句就是《谋攻》篇里的"知己知彼,百战不殆"。古文本来就年代久远,不容易理解,所以我更倾向于用最简单、浅显的方式去解读,用像朋友聊天的方式去感受古人要表达的意思。我对这句话的理解是:你只要了解自己,并同时了解对方(或外在环境),你就总能立于不败之地。也就是说,你如果想取胜,只需要做到"知己"和"知彼"这两件事儿。所以我经常告诉那些渴求成功的朋友,想成功真的很简单!那么实现"35岁退休"的目标也并不是那么遥不可及,首要的就是通过给自己画像,认识自己,从"知己"开始。

我从大学时代开始创业,那时就发现大部分同学有个共性的问题:不知道自己想干什么,能干什么,该干什么。这三个维度字面上很相近,但内涵非常不同,包含了内心追求,能力所在,以及眼下该做的事儿,体现了一个人对自己不同方面的了解。我创业、投资、

"退休",环游世界,一路高低起伏,转眼十几年过去,可如果仔细听听时代的声音,我意识到现在的年轻人跟十几年前并没什么两样。大家对人生依然很迷茫,而迷茫的原因仍然是不够"知己"。

商品出厂会配有说明书,招聘员工也会有岗位要求,做市场推广首先要有用户画像。14—16世纪正值欧洲的文艺复兴运动,那时的艺术家被社会认为是卓越而优秀的个体,受到广泛的尊重。也正是那时候,艺术家群体中开始流行创作"自画像(Self Portrait)"。像梵高、弗里达、伦勃朗、雷诺兹这些艺术大师都用这样的方式跟自己的内在世界对话,记录和创作自己的人生悲喜。所以了解自己并不难,只要给自己画个像。先横向列出你想做什么,能做什么,和该做什么;然后在纵向上列出你的目标所需要你具备的一切要素。任何你所希望自己达成的目标都应该可以写得出其所必要的因素,比如成为一个作家,比如去周游世界,比如开创一家小公司,比如拍一部好看的电影,再比如去帮助非洲地区贫困的小朋友等等。尽量养成先写要点,再展开的习惯;也不急于一口气写完,可以边写边研究,慢慢补充完善。之后横向、纵向两个轴上的内容一比对,你就可以知道自己需要什么,你已经有了什么,你还缺些什么。先尽量列得详细,这样有利于你了解自己的细节,最后做总结,提取要点,争取每个方面用三点讲清楚。很多人在漫长的时间里都没有进步,原因是他们把事情搞得很复杂,反而抓不住最关键的问题。我家老爷子在世时,每当说起学习、工作常常会让我"缺啥补啥",这真的是浅显易懂的道理。我人生中非常重要的伙伴伯温也经常说,你想减肥,就少吃多运动;想变聪明,就多读书;想赚钱,就和和气气;

想要团队强大，就把最拖后腿的人开除。活着本来可以是件非常简单的事情。

国王、骑士，故事线

好莱坞的电影都是有故事脉络的，我们每个人也都是在活自己的"故事线"，给自己的人生当导演。你的目标就是你的故事的阶段性结局，而从此时此刻到实现目标的这一过程，就是你的故事线。而说到故事，就先要有角色定位，类似玩游戏。游戏最开始都要先选定角色，以不同角色的不同属性，按要求一步步完成任务。前面说的"想干什么""能干什么""该干什么"都在里面了。

好莱坞最经典的故事脉络就是：主人公拥有非常优秀的特质，比如超级英雄技能，丰富的行业经验，美丽帅气的外形，迷人的个性等，但由于种种原因，比如脾气差，狂妄轻敌，时运不济，遭遇重大挫折等等，而被现实所打倒；往往在他一蹶不振，心灰意冷，陷入迷茫时，就会出现贵人来传道授业解惑，帮助主人公找到自我，重拾希望，提升能力，克服困难，最终或者是打败最强的对手，或者抱得美人归，总之基本都是得偿所愿，达成了目标。再来看现实生活，谁的一生又不是像这样经历着高低起伏呢？

我有个朋友是国内最大连锁健身房的联合创始人，前两年他卖了股份开始半退休的生活状态。他经常喜欢向我提问："禹烈，你先讲清楚，接下来要做的事，你是想当国王还是骑士？""国王"和"骑士"是他在商业中设定的不同人物角色，比如我过去创业是自己领军,和"国王"的角色一样;但后来出走,到世界各地旅行、冲浪、玩音乐,经常是在别人的商业结构里做事。所以我的角色是发生了变化的,这时候的我更像"骑士"。我在创业投资和"退休"周游世界这两段截然不同的生活里,也有时会迷茫。他就告诉我,我的迷茫来源于我以"国王"的定位去干"骑士"或者"游侠"的事,所以才经常找不到合适的感觉。他要我想清楚,我现在就是要当骑士,以帮助别人实现目标为自己的目标,只需要完成别人给我的任务即可。我自己不主导,不领军,不做"国王",所有的人生规划,都按"骑士"来执行,自然会舒服。

大家都喜欢问我是怎么赚钱的,讲到这里就要说到我的收入构成。以前我自己开创、经营公司,无论是投资、餐饮、旅行,还是创业孵化器等不同领域,我都是作为公司所有者的角色,通过公司主营业务收入所产生的利润获得分红,或通过公司股权增值和出让增值后的股权获取投资收益。而我这几年的新生活,由于角色从"国王"变成了"骑士"——不是自己领军,而是服务于别的"国王",收入构成也因此发生了巨大的变化。比如,某媒体要拍广告,需要剧本,来找我买故事;或者有品牌需要一首歌,就来买我的歌;也可能是有创业公司需要制定战略或者融资,就来找我当顾问;还有某些项目恰好我有一些他们需要的关键资源,自然也会有人找到我。

这和以前自己当"国王",必然不是同一种状态,也就需要我训练做"骑士"的能力。因此于我而言,之前说的"想干什么,能干什么和该干什么"都发生了变化。自己做"国王",很多事儿是想不想干都得干,只要该干的事儿都要干。而做"骑士",这方面会变轻松，不想干的事儿可以不干，因为这种模式的设定就是我通过做自己喜欢且擅长的事情来帮助别人达成目标。但同样又有些事你想干可未必能干，或者你要按别人的方式来干，因为整件事是由别人领导和决策的。

关于角色，以及角色的转换，很多人在学校里没想过这些，进入社会几年后因为不断犯错、吃亏、"撞墙"才慢慢明白。这个过程有人很快过去，也有人像我，比较笨，十几年才搞清楚一点点其中的门道。

只缘身在此山中

接下来要说到"分身"，这是做到"知己"的另一个重要能力。我小时候学琴，老师经常告诫我，无论日常练习或者上台表演，你都要学会"分身"。意思是说在弹琴的同时竖起一只耳朵听，分出一个作为观众的自己，及时分辨出每个时刻自己的演奏如何，既是自我欣赏，也是自我监督，可以随时给自己反馈。在老师家上课时，经常是老师把我弹的录下来，大家一起听，一起点评，总结出问题所在并找到解决办法，练习之后再看看是否有改进和提高。每当老师带着我这样细致地学与练，我的进步就很神速。后来我慢慢地养成了习惯，在台上表演的时候也能分出一个自己，时刻聆听和监督。但大部分弹琴的人是只弹不听的，所以他们永远不知道问题出在哪里，也就很难改进。正像诗里写的"不识庐山真面目，只缘身在此山中"，跳出自己看自己，时刻把握自己的行为，这是能够"知己"的最好办法。

世界顶级冲浪运动员也是通过看自己的动作录像来提高水平的。教练把冲浪动作拍下来,运动员上岸就看,发现问题并提出解决方案,之后再下海练习。几乎所有的运动和音乐科目都常用这样的方法进行训练。

知彼即是目标

我们做到了"知己",就要开始"知彼",而"彼"就是"目标"。我所说的是广义上的"目标",也就是不仅包括了"目标"的结果,还包括了"目标"的过程。"35岁退休"这个结果以及将其实现的过程都是目标的组成部分,也是这本书要讲的核心内容。

定目标,最重要的三件事:

第一,量化,定个数字出来。很多人跟我讲他们的目标,我一听就知道他们没戏,因为这类目标经常是大而空的,缺乏量化,在执行上也就无从下手。比如"等我赚够了就退休",每当听到这里,我心里就有个声音在说:"那你等吧,永远也退不了",因为"赚够了"实在是一个难以言传的概念。多少算是"够"?每个人都有不同的标准。没有数字的目标,就很难被实现。再比如很多人特别容易被人忽悠,心血来潮,拍拍脑门儿就敢说几个亿、几十个亿的目标,这都跟没说一样,属于为了量化而定的数字。不妨静下来,好好算算追随自己内心的生活到底需要有多少资金和怎样的能力做保障,然后"缺啥补啥",攒钱外加练本事,一一将其达成。

第二，复习，必须每天把计划翻出来看看，以做到时刻心里有数。我每天起床后和睡觉前都会读一遍我的目标。有人问，目标都是自己写的，干吗还总是要读？这就像没有一个作家可以把自己写的书精准地背下来一样，目标虽然都是自己写的，但仅仅写下来和读上一两遍并不足以在大脑里建立强信号。人非常容易在追求目标的过程中被其他事情分散注意力，走着走着就会忘记目标。回忆一下我们小学时学的九九乘法表，这么简单的数学知识，在当时还需要反复练习、考试，才能记得住，而如今立了这么大的目标，就更需要不断地让自己加强记忆。我经常跟我的外国朋友们讲，目标像是一座远山，你在去往那里的一路上，要记得经常抬头看看它，不然很容易中途迷路，失去了方向。每一天都是新的，新的一天伊始就要把目标再给自己多讲一遍。

第三，分解，把大目标化整为零。一定要擅于分解目标，人往往一听到远大的目标，就容易回避。我发现尤其是和30岁以上的人聚在一起时，谈话中经常出现这种状况：每当我提出一个疯狂的想法，都被我的小学、中学同学，儿时玩伴直接否定，并且他们是不假思索地否定我的想法，我把他们的状态称作"鸿鹄之志恐惧症"。这类人认为人生到了30来岁，几乎不可能再去实现什么伟大的目标，或是让儿时的梦想变成现实。他们早已经对现实妥协，他们的灵气也早就没有了，他们始终不曾认识真正的自己，不相信奇迹，也无法面对思维层次的擢升，他们内心充满了对"鸿鹄之志"的恐惧和抵触。而事实上很多有大成就的人，都是从三四十岁，甚至更大年纪才开始上路的。

我之所以始终做着梦，总是瞄准一些极为宏大的人生目标，是因为我习惯于把巨大的目标分解成一个个小任务。只要每一个小任务都非常具有可行性，那么看似不可能的目标也就没那么遥不可及了。饭是一口一口吃的，路是一步一步走的，愚公移山的故事代表了中国式的人格和智慧，事实上又有哪一种成就不是积跬步至千里而成的呢？因此鸿鹄之志不仅不可怕，反而值得鼓励。只要有正确的路径和长期坚持的精神，不管多大的目标，拆分下来，都没那么难实现。因此，我始终喜欢做大计划，每次都是做10年、20年的人生计划。三五个月或许不足以做成什么，但一二十年坚持同一个方向上的思考、学习、训练，足以彻底改变一个人，并达成伟大的目标，无论你的起点有多么卑微。

有这样可以被分解的"目标"就可谓"知彼"了，因此我把"自画像"和"定目标"放在一起，双剑合璧就能百战不殆了。

第四章
目标＝问题，计划＝答案

只要有问题就一定有答案

前面讲了目标,现在来说计划。"望梅止渴",目标就是"梅",而计划就是从你现在所处的位置,到把梅子放到嘴里的路径。

任何没有计划的目标都是空洞的,都表明了定目标的人完全不知道自己在做什么。经常听到一些朋友说:辛辛苦苦忙了一年,也没做出什么事儿。世界就是这样,正因为绝大部分人都像没头苍蝇一样乱飞,所以才只有少数人掌握权力和财富,一半以上的失败和平庸都来源于缺乏计划。

很多人都会质疑宏伟的目标能否实现,我可以给大家一个非常确定的答案:任何目标都有被实现的可能!计划和目标就像锁和钥匙,也像问题和答案,只要有问题就一定有答案,只需要明白,不是答案不存在,而是你还没找到它,我始终确信这一基本逻辑。

"变"是永恒

目标是远处的山,而从眼前的地方到远山之间有无数种路径。这些路径就是计划,它不仅有无限可能,也在不停地变化。有人会说,这太难了,既有无限可能,又在动态变化,怎么才能制订好的计划?或者说现实条件变来变去,做计划还有什么意义?首先要明白,万事万物都时刻处在运动和变化中,唯一不变的,就是变。所以你要时刻检查、更新你的计划,使它得以不断地适应变化,并始终与目标匹配。这里必须说的是,有时候不仅计划会变,甚至连目标也会变,正如你在向着远山进发的途中,可能离近了才发现还有座小山挡在目标前面,需要先爬过去,抑或当天气变得更晴朗时,在目标后面,又显现出一座更加高耸的山峰,于是更高的山峰成了我们的新目标。中国历史上最伟大的经典《易经》,通篇就是一个"易"字,"易"就是变,因此把握变化才是精髓。我自己曾以"35岁退休"为目标,但最终在27岁时,机缘巧合,选择提前放下一切,开始过自己向往的日子。

做计划首先要明确核心价值,也就是确定你的理想、愿景;而后是分阶段,把终极目标拆解成一个又一个易于实现的小目标。

价值与时间

有些人追求志存高远,有些人希望平和度过一生,都很好,我并不鼓吹人人都要做大事。只要追随内心,所有理想都是发光的,值得称赞的。你的理想所代表的核心价值,应该可以长久指引你的人生,让你充实而喜悦。如果它同时还能融入你的热情和勤奋,让你变成更好的自己,那这样的理想,正是一份完美计划的基石。

我二十岁时曾听到一句很受用的话,"人经常高估一年之后的自己,而低估十年之后的自己"。我外公是一位知识渊博如百科全书的智者,我曾对他说:"外公,我想读读《资治通鉴》。"他转头看了看我,笑着说了句:"你啊,三年。"我当时不懂,但外公仙逝后,我仔细回味他的表情和话,想想司马光用了十九年才完成这部鸿篇巨制,自己又怎能一朝一夕就读完呢?比起那些一年能看几十本书的聪明人,我始终都是最慢最笨的。我最近这三四年都在读《黄帝内经》,到现在还没读完。正像叶采诗里写的"闲坐小窗读周易,不知春去几多时"。

2020年1月底回巴厘岛,我只带了三本书,其中一本《易经》送人了,还有两本是《道德经》和《庄子》。有一次和老妈通电话,她问我最近书读得怎么样了,我说最近只读了《道德经》和《庄子》两本书,她听完笑笑说:"这两本可够你读的。"先不要说达成某种伟大的目标,仅仅读完一本书都需要漫长的过程。而我们现在说的"35岁退休"这一目标,需要我们在年轻时用较短的时间,通过制订完美的计划并加以执行,解决一生的生存问题,这绝不是随便就可以做到的。

徐文兵是我非常敬佩的一位老师,他把《黄帝内经》讲得深入浅出、妙趣横生。他专攻这一本书,本人又是医术高明的大夫,所以他结合了工作中的实践,书从他的口中讲出来就真实而深刻。要讲如此一部经典，不是十年、二十年的功力，很难做到"真明白"。听他娓娓道来，艰涩的内容也变得很容易理解，他多年来致力于学习如此久远而高深的人类智慧，并通过自己的讲述分享给大家，这是在创造伟大的核心价值。

显然，核心价值的设定，决定了计划的高度；而对核心价值所投入的时间，则赋予了计划以长度。对于核心价值以及时间价值的深刻理解，则能够让人安下心来，给自己更长的时间去成长，让自己拥有更大的格局。想做到"35岁退休"的人，都是自己人生的英雄，立这么大的志向，我们要给自己足够的时间，去提升、进化、蜕变。中国人讲"有志者立长志"，正是此意。

化 整 为 零

我在生活中总结出一个原则，绝不要轻易把一个天大的目标直接放在别人眼前，很容易让对方的思维瞬间崩溃，要么完全不理解，要么完全忽略。在给出目标的同时，一定要对实现这一目标的路径有宏观阐述。

我的瑜伽老师在教授新学生时，都会先介绍整个学习过程：最开始一两周的学习可以给人带来身体上初步的改变；练到三个月时，人会感受到很大进步，身体、头脑、心智，包括饮食结构都会发生变化；这之后的习练就会进入一个比较漫长的积累期，大概三年时间；而三年之后，就会进入下一个境界，无论是对动作体式的理解，还是对呼吸和冥想的把握，都会在新的高度上，找到一种人生完全打开的状态，这就算入门了。听到这里，学生对瑜伽的学习过程就有了基本认识，也就可以为自己的学习做好心理、时间等方面的准备。我的瑜伽之路从2014年开始，六七年下来，也正是经历了这一过程。

有著名的企业家讲过，在中国做企业，三年、五年、十年各有一个坎。一家公司能存活三年不倒，就有机会做大，而很多创业公司都死在刚刚开创的三年之内；如果这家公司可以坚持到五年，就应该已经发展起来了；而在公司十年的发展过程中就会遇到很多强大的竞争对手，一旦能坚持下来，就有可能成长为一家大型企业。

2019年年初我在做人生计划时，跟老妈复盘了一下，总结了自己从小到大学习过程中的一些规律。每当我开始学一项新技能，在最初的一两个月就会对新事物开始产生兴趣，并且决定继续学下去；一年左右我大概能入门，开始"玩儿"起来；三年左右我基本可以在周围的环境中崭露头角，会有一些机会开始展现在我面前；而到了五年之后我就会获得各类机会、荣誉，在整个领域和全国范围开始受到关注。我小时候学民乐，后来弹吉他、创业、冲浪、练瑜伽，都差不多是这个规律。

人在每个阶段都会遇到这一阶段特有的问题，正如一年四时，春生夏长，秋收冬藏，需要用不同的状态去应对不同阶段里的问题。只有不断完成阶段性的小目标，你才有更加强大的内心力量去攻克下一关。我们此时此刻做的努力不是为了明天就获取回报，事物的发展需要周期，通常三年后我们才会看到今天种下的种子开始开花、结果。因此，制定并完成阶段性任务，是计划中的关键。

第四章　目标＝问题，计划＝答案

我的高考故事

　　高考大概是我人生第一次经典地拆解大目标，并通过不断实现阶段性任务，最终一步步达成终极目标的战例。也是从那次经历中我获得并总结出一套完整的方法，建立了强大的自信以应对我后来人生中所有的挑战，从而造就了现在的我。我在初中、高中时代都算不上好学生，这么说可能都有点儿美化自己了，事实是我从小学四五年级开始就不怎么写家庭作业了，到了初中开始逃课，高中时打游戏、泡网吧、喝酒、打架、逃学、交女朋友，成绩自然也是一路向下。我老爸经常黑着脸参加"班里倒数十名""年级倒数五十名"一类的"特殊学生"家长会。但胜者王侯败者寇，我最终考上了北大，常被人认为是高才生，这的确让我和了解我的家人朋友们都哭笑不得。大家在得知我的真实经历后，一致的问题是，"你学习那么差，后来到底是怎么考上北大的？"我只能坦白地说我在高考前玩儿命似的学习了三个月。而紧接着问题又来了，"学三个月就能考上北大？不可能吧？"。我知道这听上去也有点儿像故事情节，但事实的确如此，并且是十八岁的我独立制订计划，并逐一实现的，现在我来分享给各位。

　　我下定决心要考上北大是在一个阴冷的冬天清晨，当我意识到我离这一目标（北京大学的历年平均录取分数线）还差整整100分时，我也才意识到那天离高考只有区区100天而已。"100天，100分"，这是个不可能完成的任务。我把自己关在屋里，陷入了深深的思考，那一刻是我第一次真正地做出人生抉择，"to be or not to be?（做还是不做？）"，或者是今天流行的"go big,or go home.（要么做大，要么回家）"。

我当时冷静地拿出了一份完整的高考试卷，包含数学、语文、英语还有文科综合。我先把试卷从头到尾读了一遍，并不是读题，而是看试卷的总体结构，每个科目的考题分为哪些部分，每部分占了多少分值比例，每部分有多少道题，每道题各多少分，并且规划出当我每科得到多少分才能考上北大。然后分析我的现状，比如数学这一科目，我选择题能得多少分，填空题能得多少分，大答题又能得多少分，最后再算出我和目标分数的差距。

用数学举例，一共三部分：选择题 10 道题，每题 5 分，共 50 分；填空题 4 道题，每题 4 分，共 16 分；剩下一共 3 道大题，每题里面有 3 个小问题，共 84 分。在这之后我做了一个到现在都记得非常清楚的规划——如果我想考到北大的分数线，数学上我需要做到选择题一分不能丢，即 10 道题全对，并且要练出每题只花一分钟的答题速度；填空题 4 道，每道题 4 分，通常最后一道题比较难，我允许自己最后一题答错不得分，也就是前面得 12 分；最后看剩下的 3 道大题，每道大题包含了 3 个小题，第一大题相对简单，必须 3 个小题全部答对，第二道大题，我只需要答对前两个小题即可，第三小题很难，我选择放弃，而第三道大题，后两个小问题都很难，我只需要确保第一小题能答对即可。100 天内达到以上水准，我的数学成绩就足以支撑我考上北大了。以此类推，我把其他科目也都如庖丁解牛般详细地分析了一遍。

分析之后，我就清楚了哪些是自己必得的分数，哪些分数可以放弃。把必须要做对的题反复磨炼，确保稳定性；至于那些特别难的问题，我选择暂时放弃。正因为有了明确的取舍，我才确定了重点和主次，把有限的时间和精力，投入到最能在短期内使我获得大幅提升的部分。因此，在冲刺的100天里，我这个看似不可能的任务就被拆解成了很多极具可行性的小目标。我只用了一个月就从班里的倒数十名考到了全区的正数第十一名，而后面的几十天我基本就是不断地巩固，保持考试状态。最终我高考时的表现非常"神"，不仅在考场上睡觉，而且我每一门考试都提前交卷，这是监考老师从没见过的情况，他们说："你怎么这个节骨眼儿上还能睡觉？"我说我是专门留了在考场上睡觉的时间，为的是用几分钟的休息换取更专注的精力。提前交卷时，老师说："你后面还都空着，不写了？"我跟老师说："这道题我不会，与其在这儿坐着软磨硬泡也写不出答案，还不如节约时间，出去休息休息准备下一场考试。"老师看着我竟一时语塞。

再说语文，很多人在写作文的时候，花了大量的时间要把作文写精，写完美。但实际上，作文满分才60分，评分时分为一类、二类、三类文，你只要达到字数且不跑题，没有错别字和重大的标点失误，就已经是二类文，能得到50~54分。一类文是55分以上，也就是说"不出错"和"特别好"的最大差距也只有四五分。与其花巨大的精力追求这么小的提高，我倒是更愿意把基础打好，保证自己不跑题，按时、按字数完成作文。所以我的目标是，争取在二类文里边写到中上等，拿53~54分。于是在100天里，我每天写一篇作文，但我写的方式和别人不一样，我严格计时、读题、思考、写作、检查，一共只给自己 40 分钟时间，目标就是要练出在规定时间内写完 800 字，不跑题且没有错别字。

所以我在语文考试时的表现也很"神"：卷子发下来，我做的第一件事是先把卷子翻到最后，看一眼作文题，花一分钟闭上眼睛反复默念题目；之后我把卷子翻过来，从头开始做题；做到要写作文时，我把笔放下，再一次读题，就在考场上呆坐，盯着题目看 5 分钟，监考老师完全不理解我在做什么；看完这 5 分钟，我开始趴在桌上睡觉，睡了 5 分钟，直到监考老师忍无可忍，把我叫起来，问我在干吗？

老师哪里知道，我开考时的 1 分钟，加上后来看似发呆的 5 分钟，都是用来反复读题、审题，我在脑子里一遍一遍地默念题目，为的是确保不跑题；后面我又用了 5 分钟睡觉休息，把显意识捕捉到的题目传进潜意识，甚至我在睡觉时已经在潜意识里完成了构思，并且快速补充了精力，能够确保自己能在 40 分钟内专注地写完 800 字。这时我拿起笔，计时，40 分钟一气呵成。所以我读题、睡觉、写作，51 分钟搞定，再从头检查一遍试卷，离考试结束还有 20 多分钟，我提前走出考场。

当把这些目标分解后，100 分的差距，平均在 4 门功课里，其实每门只差 20 多分，并不是那么遥不可及。单单靠认真加熟练，别丢"马虎分"，就已经能提高一部分了；再巩固一些知识点，又能提高一些；最后再能解决一些难点，差距就都补上了。

说完"学好"，再说"考好"。我们会听到身边非常多临场发挥失常，或者报志愿失误导致和心仪的大学失之交臂的故事。很多人不理解，更不知道如何解决，还有很多人将此归结为命运，而我则把这些都看成训练的缺失。绝大部分人把考出好成绩的希望单一地寄托在"学好"这一点上，所以把百分之百的精力投入在如何学习更多知识上。我认为高考一共有三个重点：学好、考好和报好，学好只占 1/3。6 年小学，6 年中学，看似 12 年的学习代表了大学前的全部内容，但这 12 年的学习加起来只占 1/3，另外 2/3 做不好，一样考不上好大学。先来说考好：学到什么水平，考试时就发挥什么水平，甚至超常发挥，这是一种能力，是需要被训练的。很多人喜欢说自己"发挥失常"，我不同意，我认为如果不对考试的临场发挥能力进行专门练习，发挥失常就会是常态，正常发挥才是偶然现象。

我和其他同学的差别在于，高考前几个月，几乎每天都要进行模拟考试。全班除了我一个人完全严格按照高考考试标准要求自己之外，其他几乎每个人都漫不经心，交头接耳，翻书抄答案，跟邻座对答案，晚交卷，甚至还有人把卷子带回家，写完第二天再偷偷塞进老师办公桌里。而我每次模拟考试都一定在老师说开始后才看卷子；考试过程中谁跟我说话，我都不理睬；每个环节都做到精确地计时，比如数学 10 道选择题，需要在 10 分钟内做完，那我就一定不会超时；我从不跟人对答案；一听到铃声，我会立刻放下笔，不管还差多少没写完，我都会按时交卷。

当别人这样玩儿着练的时候，我当真是考了 3 个月。我第一次模拟考试就从班里倒数 10 名考到了全区第 11 名，3 次模拟考试和最终高考的分数、名次几乎一样，最终以全区第 9 名毕业。高考发榜时，我每科分数都跟我考前的预测完全一致。

很多人面对考试是"蒙圈"的,靠的是运气。我后来读《孙子兵法》,才知道"胜兵先胜而后求战",这句话的意思就是能够取胜的军队都是先推演出能够取胜的战法,有了取胜的把握,才去作战。换句话说,考试前你已经赢了,考试只是把分数拿回来的过程,能拿下多少分是早就计算好、训练好的。

我从小学柳琴、中阮,后来学吉他,然后学中文,包括去创业、做投资、冲浪、练瑜伽,也都如高考这般。我习惯于为远大的目标做长久的计划,不断地达成阶段性小目标,一步一步走上我所追求的高度。这个路径对每个人都极其重要,很多未知因素被提前预见,人会更加有耐心,并远离焦虑。分阶段制订计划,并长期坚持才是成就你伟大目标的唯一通途。

第五章
选对行业,选准项目

人怕入错行

老话说"男怕入错行",但现在是男女平等的时代,大家都在追求事业,这句话就适用于所有人。我一贯秉承越是重要的事情,思维越要简单。如何选择行业,遵循以下三点应该足以做出判断了:第一是大趋势,我们先要弄清楚这个行业是朝阳有潜力,正在上升期,还是处于夕阳走下坡路的阶段。很多行业是在消亡过程中的,就像郭德纲相声里说到的"BP机维修专业",你还没下岗,BP机已经下岗了。

第二是行业所处的产业链位置。我比较幸运,当初做了投资,它像是金字塔尖的领域,向下辐射,通过投资打开了我理解和认识其他所有行当的门。我既能学习如何创业,经历过把一闪念的想法发展成一家估值过亿企业的精彩过程;也曾学到一家公司从业务到资本,不同层面的不同运作方式。那时每个月开项目会,我的纪录是两天连续听26个项目,行业范围从导弹的激光制导系统,到牛的精液如何冷冻、培育，无所不包。长年累月地听下来，我的知识结构和学习能力就和其他行业的人完全不同。越是在产业链上游的行业，带给人的视野和格局就越高；而产业链下游的行业，会培养人更强的落地执行能力。

第三是个人和行业的匹配程度，要想35岁"退休"，就必须走一条更短更直接的路，没有太多时间可以浪费。我始终坚信，做喜欢并擅长的事儿，让天赋和热情发挥作用，就是自我价值的最大化，也是最容易的捷径。

复合能力

在这个时代选择行业，还要加一个新的考量因素，就是复合能力。很多新兴行业对从业者有这样的要求，同时这些行业给个人能力带来的历练也是复合的。过去，老师问学生："你爸妈做什么工作？"学生的回答是："我爸是律师，我妈是医生。"那时候一个人一辈子就是一个职业，甚至是同一个单位，同一份工作从刚刚毕业一直做到退休。而现在的职业变得非常复杂且界限模糊，并且人们更换工作、转变行业的速度和频率都很快。

很多新兴行业，都很难简单地用一两句话描述到底需要从业者拥有怎样的能力。比如从事新媒体行业，至少要了解各大传统媒体、社交媒体平台的基本运作规律；拥有基本的文字功底和编辑能力；具备足够的沟通和资源协调能力，以便于拿到更新，更特别的媒体内容；其他诸如视频创意、拍摄、剪辑能力，对时事热点的追踪和洞察能力，招商能力等等，都是在这个领域站住脚的基本功。

经常在接受媒体采访时我需要谈及原来工作的内容，单是看我需要跟哪些人打交道，就能窥见投资领域对多元化能力的要求：第一是基金的投资人，我需要在基金融资的过程中不断地接触新的投资人，或者从原有投资人处继续募集资金，同时也要保持跟投资人的沟通，以便他们了解投资的情况；第二是创业者，其中又分为两类，一类是我已经投资的企业团队，我需要尽可能地在人才、资金、市场和公共关系等方面给他们支持，另一类是还在跟我接洽投资事宜的，这类创业者我一年可能会见上千个，我需要在其中选出几个相对最好的进行投资；第三，我的合伙人、员工，一起共事的团队成员其实需要花费最多的时间和心思：老人需要我不断地提供创新的激情，同时还要兼顾他们的感受和尊严，新人需要鼓励和引领，还经常要给他们创造试错的空间，并随时准备为其买单；第四，外部合作机构人员，包括律师、会计师，等等，大家既是客户和服务提供商的关系，对外也经常是利益共同体，所以既要合作，也要博弈；第五是媒体，给电视节目做嘉宾，在论坛上演讲，为杂志写专栏，拍广告等等；当然也少不了跟各类政府部门打交道。我所面对的不同人群决定了我要做哪些工作。在多年创业和投资生涯之后，我最深的体会就是：一个企业或机构中，最不容易的就是一把手，看似风光，实际却需要承担最大的风险、责任。任何人都可以对某个难题说"我不知道，我没办法"，而一把手不可以，所以"担当"也是诸多能力中最重要的一种。

第五章　选对行业，选准项目

但做好事，莫问前程

说起如何选择项目，最重要就是看它能给人带来哪些价值。我选出了五种值得追求的价值，并做了排序：能力、知识结构、经验、人脉资源，最后才是金钱。越年轻越不要把钱和资源放在前面，那些都是身外之物，当你有了前面几项，钱和资源都会源源不断而来。所有跟我讲"缺钱"的人，我都会告诉他们，他们缺的根本不是钱，而是赚钱的能力。

在这里又要提到我那个出色的小实习生，也是我曾经最得力的助手。他大学将要毕业时开始跟我一起工作，一干就是 11 个月。我到现在都清楚地记得那 11 个月，我们经常加班到夜里两三点才收工，一起走回家。那时我们住同一栋楼，进了大堂我坐电梯去楼上的高档酒店式公寓，而他走消防通道去地下室。20 出头的他，带着女朋友，蜗居在那样的环境里，那是我当年每每看到都会心酸的一幕。11 个月里，他从没抱怨过实习工资少，工作繁重，只是默默做事，不辞辛苦，甚至连我发脾气骂他，他也能平静对待。当时其他的合伙人都不看好他，但我认为一个人能够这样勤奋和吃苦，说明他有一颗大大的心，支撑他追求大大的目标。对于他这样的人来说，有所成就只是时间问题。我决定"退休"时，正赶上当时中国首富旗下的基金要招人，问到我时，我在几乎同时进门的 4 个实习生里推荐了他。没几天他就入职了这家 30 亿美元规模的基金公司，并很快成了高级投资经理。不久对方打电话给我，问我从哪儿找到这优秀的小孩儿，大学刚毕业就什么都会，太厉害了！这评价真是让我无比地欢欣鼓舞。

尽管 11 个月里拿着少得可怜的实习补贴，但我们几个合伙人转着圈，手把手，每天超过八个小时地教他。他在最短的时间里，几乎把行业知识、商业逻辑、财务、法律、投资决策流程等投资领域的基本功都学到、练到了。我印象中他做的每份材料都要被我退回去修改十几二十遍，不断打磨。因此他的整体商业思维和逻辑都非常清晰，手上活儿扎实，心里就有底。他虽然没有在我这儿赚到钱，但换到这家基金公司正式工作后，收入就大幅度提高了。两年后，他去了另一家国内领先的基金公司，并很快成为其历史上最年轻的副总裁。他曾经在一年里独立投出过四家"独角兽"公司，并在当年登上了福布斯亚洲地区 30 位 30 岁以下精英榜单。现在他 29 岁，又成了一家 300 亿美元规模基金的中国代表。

跟他同期来我团队实习的其他三个人，有的嫌工作压力太大，有的嫌钱太少，有的觉得我脾气不好，纷纷提前离开。只有他扛下了那魔鬼般的 11 个月，并拥有了可以被我推荐给中国首富的能力基础。据我判断，现在其他三位的收入加在一起再翻十倍，都未必有他一个人的多。他现在的收入应该远远高于同龄人平均水平的几十倍。

我在商业上的师父总是教导我"但做好事，莫问前程"，在这个小伙子身上得到了最好的印证。人的精力极为有限，放在小事儿上就成就小事儿，放在大事儿上就成就大事儿。这么简单的道理，却少有人能认清。越走越发现，想要人生有所成就，并没什么难的，把该学的基础学扎实，该练的手艺练高超，该来的都会来。

交叉比对

和我一起长大的妹妹在对外经贸大学学会计专业，快毕业时来问我未来应该如何选择。我让她做"一横一纵"两种比对：横向"货比三家"，纵向"观察过来人"。

"货比三家"是指我们要在了解很多不同行业和企业之后再做选择，而非只知道某一个或为数不多的几个行业或企业，就唐突做出选择。她同专业的同学毕业后，绝大部分都进了"四大"（四家全球顶级的会计师事务所），所以她也想去其中的一家。我问她是否知道自己可能还会有其他选项，或者是否了解其他行业，她的回答是她之所以选择"四大"，是因为她只知道"四大"。我就建议她至少要去了解其他三到五个不同的行业和企业，否则这种选择就有坐井观天的意味。

同时我让她做另一个调查，找 3~5 个，在 5~8 年前做过类似选择的师兄、师姐，看看他们现在的生活状态是怎样的，是不是她想追求的。重点大学本科毕业，以优良成绩进入四大会计师事务所，5~8 年内优秀的人可能上到什么位置，普通水平的人会是什么状态，这普通和优秀之间的状态，就很有可能是她未来的样子。毕业时间太短不足以看出成长轨迹，而 5~8 年无论对于个人或是社会，都是相对完整的周期。她很认真地了解了在其他企业里做会计的朋友都是什么样的工作状态，也真诚地去找师兄、师姐们聊了天，既了解了信息，又交到了朋友。最终，在交叉比对之后，她认为还是"四大"的工作最适合她内向、文静、认真、仔细的性格，而我也举双手赞成她的选择。尽管结果跟她最初的想法并无差别，但盲目选择和充分了解之后做出的慎重选择，给了她面对未来完全不同的底气。几年后，她去美国读书进修，之后留在纽约的会计事务所工作。我30岁那年，从夏威夷飞往巴西冲浪，途经纽约时，正逢我的生日，她借着我转机的空当，把我接出机场，当晚在曼哈顿我最喜欢的俱乐部里给我准备了蛋糕庆祝生日。谈话间我能感觉到她很享受眼下的生活，不仅人生有了很多成长，同时也在寻求新的改变和发展。再后来她搬到西雅图，继续做会计师工作，随着她经验越来越丰富，级别和收入也越来越高，结婚、生子，日子过得平顺、喜乐。我为她当年成熟的选择感到开心，也始终为她祝福。

万变不离其宗

我们正在经历的时代，世界变化的速度让人应接不暇，不知所措。我自己在"退休"后这七八年中远离了一线市场，也曾对变化感到畏惧，怕自己再也跟不上时代。但随着我长时间置身事外，观察着经济周期、技术、商业模式的变化，却渐渐发现万变不离其宗，一切只是在周而复始地循环、升级而已。

比如现在的短视频和10年前的博客有什么本质区别？只不过是技术、媒介、算法变了而已。就像北京的出租车从二十多年前的"蝗虫"（黄色的面包车）到夏利、富康、捷达，再到伊兰特，还是一个司机开一辆车，带着乘客去往目的地，到达后收取费用的模式。无论是在路边招手，还是用网络打车，出租车这一服务的本质从没发生过改变。新零售和传统零售相比，无非就是更具互联网属性的买卖场景，更智能的消费习惯分析，更便捷的结算和物流。

因此我们不仅没必要为变化感到焦虑，反而应该拥抱变化，并总结出个中规律，从而不断地适应变化。自然界是适者生存，人类社会也是如此，我们只需要看看历史，就能知道明天将会发生什么。

不管选什么行业或项目，不要忘记我们的目标是"35岁退休"。我们要通过一次或几次对行业和项目的选择，把自己放在社会的某一个位置上，并通过这个位置使自己快速成长。用相同的时间，干完更多人才能干完的活儿，创造更多人才能创造的价值，比如一个人创造了三五十人，甚至三五百人才能创造的价值，那自然就容易达成目标，早早退休。

第六章
跟对老大，选准伙伴

贵人改变一生

在我 18 岁时，有个 30 来岁的忘年交告诉我："未来当你走进社会，第一个引领你的人会很大程度上影响，甚至决定你一生的高度。"他当时就已经是国内著名的播音员，十几年过去了，他收获了更多的成就，制作了更多受人欢迎的声音节目。我从来没有跟他说过，其实他也曾是引领我人生的贵人。

现实生活也向我印证了他的话，我 23 岁结束第一次创业时，有幸遇到了我在商业上的第一位"师父"，正因为他，从一开始我就获得了很高的起点，以至于我可以从和投资相距甚远的中文专业，走上风险投资、天使投资的职业生涯。当我也到了 30 多岁时，我体会到无论是刚进入社会，还是已经有过就业、创业经历，总之每个新的人生阶段，都要找到好的领路人。想走上更高的人生境界，处处都要有贵人相助。

很多事情都可以被量化，但重要的人生际遇和决定，却往往靠直觉。人与人的交流，往往被气场、心意、感觉这些看不见，摸不着的能量所影响。这些年流行谈论能量，吸引力法则等等，一点没错，人和人从第一秒碰见，到未来能否走得长远，是很难用理性分析清的，要多跟随内心的感觉。

如果你是选择老大（领导），就更多要看这个人的人格魅力是否吸引你，格局眼界是否足够引领你。比如我商业上的师父，在我看到他第一眼，从他开始说第一句话时，我就知道这个人将会改变我一生。而如果要看创业伙伴是否能长久走下去，那"有难同当，有福同享"的感觉则非常重要。尽管"道义"在今天被人提起的频率不那么高了，但长久的相互扶持，还是离不开人与人的善意和情义。我不喜欢和过于理性的人打交道，当然满嘴"江湖道义"的人也未必可信。

"看眼睛"是我认为最好的方法之一。人和人的眼神交流是最神奇的，北京话叫"看对眼了"，也叫"眼缘儿"。如果有眼缘儿，两个人从一开始就会互相喜欢，相互间也会有很高的宽容度。相反，第一印象不好，之后也不容易改变。

看过眼睛之后就要看品味。品味，不是奢侈，不是简单看外表，开什么车，带什么表，穿什么衣服。这些很可能是假象，很多人专门用车、表、衣服来包装自己。而那些真正有知识、有底蕴的人往往不需要这些，他们在意的是真实的生活品质。我儿时的柳琴、中阮的老师，除了弹琴、教琴一流之外，还特别懂茶和咖啡。他年轻时经常出国演出、比赛，有大量机会接触西洋文化，使他对咖啡产生了浓厚的兴趣，20多年前他就用整套咖啡器具做手冲咖啡。他同时也爱茶,能把茶道里的功夫,结合咖啡文化,融会贯通,一点一点讲出来。

贵气不是用穿金戴银来体现,而是举手投足间的端庄、大气。当时我妈就说我的师父有内涵,有品位,有贵气,要我好好体会。如今我长大了,到了师父当年教我时的年纪。他一生执着于艺术,桃李满天下,如今已经是中国民乐界的泰斗,可我每次去他家中拜望,师父都要亲自定菜谱,一个人起大早去菜场买菜、买海鲜,亲手烹饪,并配上陈年佳酿招待我。

强将手下无弱兵

越是有高层次的人引领,我们能学到的思维水平就越高级;越高级的思维水平,会给人带来越轻松、快意的生活,帮助我们实现更高远的人生目标。相应来说,越是高远的目标,越需要高层次的人来引领我们。很可惜,有一种普遍的情况是大学刚一毕业,就进入了大公司,跟着基层的小经理们工作。基层的经理们自己才只有两三年的初级经验,他们不具备历经时间磨砺的真知灼见和思维系统。就像武侠小说里学功夫的情节,跟风清扬学,或者跟刚入门没两年的新手学,结果必然是天壤之别。所以很多人在大公司一熬就是十年八年,三十来岁好不容易到了中层,依然缺乏领导力、决断力,大事儿想不清楚,人生上不来层次。他们不是资质不够,而是没被高层次的人提携。

因此无论是在我创业、投资期间,还是后来"退休"周游世界长见识的阶段，我总是跳过基层和中层，直接找行业里最高水平的人来教我。看似找高手不容易，但这其实只是先难后易还是先易后难的选择。我总是主张不要选那些看上去好走的路，前面寻找的过程难一点，花的时间多一点其实没关系，要找就找最好的。孙悟空当年就历经十年四海漂泊，最终拜在菩提祖师门下，学到了精湛的本领。

何处遇贵人

我们一生都在寻找对的人，一旦得遇贵人，人生将直接被改写。就像我们之前提及的"没有钱是正常的"，好的老大、伙伴不好找实属正常。但既然对每个人都很难，那首先就要把心态放平和。既要积极寻找，也要尝试理解人生中的"机缘"。

即便有了"看眼睛、看品味"的方法，去哪里遇贵人仍然是最大的问题。想遇到更好的人，最好的办法就是改变自己。多读书以提高知识水平，不断丰富兴趣爱好以改善生活方式，这样我们会吸引的人自然就会跟着变，贵人也就离我们不远了。

七八年前我要"退休"时，曾给我的好朋友提过一整套改变圈子的建议。那时他的智能传感器公司刚刚有了起色，一年有接近一千万元的营业收入，一百多万元的利润。但与此同时，公司也遇到了瓶颈，做不到规模性增长。他虽然是高科技企业的老板，但他来自农村，小时候也没上过什么学，读书不多，全靠自己到城里闯荡，从倒卖电子元器件起家。他为人忠厚、勤快，从代理销售到帮人贴牌生产，一步步发展壮大，他认准了传感器行业拥有巨大前景，便开始准备自主研发。

我帮他分析之后发现原因很简单，就是团队、合伙人、投资人几个层面都需要向更高层次换人，否则很难突破。当年正赶上我们一起去耶路撒冷旅行，我在旅途中给了他三个锦囊妙计，只要他能做到，自然会出现贵人助他一臂之力。

第一，锻炼身体。每天坚持锻炼，并且选一两个自己喜欢的运动项目，比如高尔夫、网球，深入发展。运动可以培养和训练创业必需的专注力和毅力，以及强大的体力、脑力，同时可以让人保持健康、自信的状态。同时，企业要上新高度，需要不同的交际网络，这些运动项目正流行于当时的商界、投资界。换到今天，可能航海、滑雪、冲浪等极限运动慢慢开始成为人们喜欢并追逐的主流项目。

第二，读大书和工具书。书不要乱读，阅读跟健身一样，质量比数量重要。我是学中文的，只看两类书，一是真正的经典，存世超过两千年的书，这些书里蕴含了高级智慧和宇宙法则，书里随便一句话就能让人受用一辈子，我把这类书称作"大书"；二是工具书，就是能为你当下某些需求带来具体帮助的知识或方法。当时我给他推荐的第一本书是《道德经》，五千多字，读起来压力不大，事实上这也是我到今天仍然反复读的书。

第三，学外语。因为自主研发高科技产品必然少不了跟海外公司、专家、客户打交道。在这过程中，学习、合作、竞争都会存在。我告诉他："你可以不懂专业英语，但总要去跟客户、合作伙伴打招呼、聊天、联络感情，不能所有的事情都由翻译帮你代办。"

过了几个月我们见面，当我问起他是否做了这三件事，他说因为太忙又觉得这些事和他的事业没什么直接关系，就没顾上做。我当时没多说，因为他那时还处于只想挣钱的阶段，视野和思维水平都有待提高。我喜欢珠海的金台寺，山顶风景很漂亮，每次到深圳或珠海我都会拉上他一起去。我喜欢去寺庙的原因之一是我很喜欢看寺里的门匾和对联，里面藏了很多佛家的箴言。第一次去，门口碑上是乾隆爷书写的《心经》，我当时特别诧异的是他不仅没听说过什么是《心经》，而且照着读都读不下来。堂堂一个科技公司的创始人，不读书，不识字，连这么经典的经文都一问三不知，未来怎么和高层次的朋友打交道？交不到高层次的朋友，事业如何做大？

　　到了2017年我们见面时，他很得意地说："你安排的三件事还真是很重要，我现在在学英语，而且每天坚持跑步，做俯卧撑。"看他近来的朋友圈，经常写一些有诗意的话，能感觉到他确实看了些书。后来他又跟我说要学吉他，他说他从小就喜欢，但没机会学，正好有我这个多年弹琴的朋友在身边，要抓住机会。

　　他的公司现在有很多自主研发的产品，有国外的专家，跟高校进行产学研合作，一年将近一个亿的销售额，还要向航空航天领域进军。很显然，公司的销售额跟他的素质提高成正比，他的素质有多高，公司就能做多大。我曾经对他说："咱俩每年也就见一次面，但你公司发展得怎么样，我只需看看你的朋友圈，看看你的生活状态，就能推测出大概。"所以这么多年过去，公司的大事小情他依旧会和我商量，我也时常给他推荐书，推荐各种运动，讲我在世界各地的新鲜故事。

在我们不断提高自己的过程中，也更容易成为别人的贵人，即便是作为下属、学生，一样有机会把自己所积累的智慧、经验、情感传递给对方，为对方创造价值，教学相长，互为贵人。一旦到了这个阶段，遇到贵人，跟对老大，选准伙伴就都会自然地发生了。

定位一致、角色互补

之前在"给自己画像"里提到了"国王、骑士、故事线"，每个人都有不同的角色，那么处于哪些角色的贵人更适合我们呢？原则很简单：找老大要一致，找伙伴要互补。

引领你的人，他的人生角色最好跟你自己未来的定位一致，比如之前举例讲到的"国王"和"骑士"。如果你想做"国王"，最好就跟随"国王"式的人，这样你可以看到他是如何扮演这个角色的，他的成功和失败都是什么。

找伙伴，就要找跟你角色定位不同，彼此能互补的，可以求大同，存小异。《道德经》里讲"反者道之动"，对立统一的力量才是"道"的规律，不同的见解，会生发不一样的结果。我们从小的教育中缺乏"思辨"，意见一旦相左，很容易变成抬杠和争吵，而不是对逻辑的推演进行理性的分析。但每一次的发展、进步，那些真正的好点子和深度的思考，往往源于讨论和碰撞。一个计划是否周全，也需要不同角色的人从不同的视角去看。如果能碰到经常有不同意见、但可以坐下来进行理性分析、充分探讨的伙伴绝对是最大的幸运！

我到现在也是一路走一路在碰合适的人，运气好，可能一下就能碰得准，但也会有一开始觉得合适，但磨合过后发现不行的情况，因此，换人的过程也是必然的。不要怕选错人，"错"经常会带来更宝贵的经验，只有相遇、共事才知道是不是合适；只有磨合过，才更了解自己适合跟什么样的人合作。更不要惧怕终止合作，分手是件再正常不过的事情，一旦内心觉得不舒服，尽快作出判断，好聚好散，各自汲取经验教训，并感谢对方。

第二篇

练出精英能力

第七章
收拾时间

很多人对退休的认识还停留在上一个时代——赚够了钱，以后什么都不用干了；或者为某单位服务了一辈子，终于可以光荣地休息了。但时代早已发生天翻地覆的变化，哪个单位会把你从 60 岁退休养到人生终点？钱有赚够的时候吗？赚一大笔钱放在银行里才能有真正的安全感？什么都不干就幸福了？人生才不是这样。

我对退休的定义是：一个人所拥有的生活方式、能力和物质基础，可以满足他用自己喜欢的方式，度过他所拥有的时间。作为一切的载体，我们要好好聊聊"时间"。

时间之唯一

时间是我们唯一拥有的资产。

时间是世上唯一对每个人都公平的事物。

这是我所信奉的关于时间的认识。请千万记得，我们所"拥有"的一切，包括各种物质、能力和才华，都是用时间换来的。想要过上自己喜欢的生活，能力远比手上已有的财富重要得多，把时间换成能力，再用能力创造物质，是更加可持续的人生路径。因此，我"退休"后做的最有意义的一件事就是尽可能地"收拾时间"。

时间是这世上唯一被平均分配，且我们唯一拥有的"资产"。从另一方面说，我们并不拥有任何物质，一切资产都是流动的。车子、房子这些你以为属于你的东西，今天在你名下，但日后无论被卖掉还是被继承，总之没人预见得到它们未来的拥有者是谁。环顾四周，看着我身上的T恤衫、短裤、球鞋，手里的手机，地上的背包，这些东西就更不知道将来会是谁的了，我们只是暂时使用它们而已。

时间的重要性每个人从小都在听，但我仍然坚定地认为大家对时间的重视程度根本不够。有个词这几年比较流行，"向死而生"，就是以生命的终点作为目标，来打算眼下和未来的生活。经历了2013年几次海里遇险，救人和自救，我开始对人生、死亡有了完全不同的思考。我学着反过来想：既然人随时都可能死掉，既然此刻有可能就是我人生的最后时光，那么我应该在有生之年把想做的事儿都做了。英语里说"YOLO"，You Only Live Once（你只活一次），正是这个意思。

50年=？小时

常有人问我，你当时说走就走，这么潇洒，真的什么都不怕、没有任何顾虑吗？我在人生途中所获得的一个自认为最清醒的认识就是:每一个人类个体都拥有着几乎近似的天然心理状态,无论一个人多成功、多渊博、多富有、多漂亮,都不能避免其作为人类的基本心理属性,比如迷茫、焦虑、恐惧、贪婪等等。说简单一点儿,每个人都一样,你有的问题其他人也都有。而人与人的不同之外在于管理自己基本性格特征的能力有所不同,因此在面对类似境遇时会产生不同的结果。其实那时的我也只是个普普通通 27 岁的年轻人,和身边的每个人都一样地迷茫、焦虑、恐惧。说我毫无顾虑,对未来一点儿不担心,那是骗人的。我内心深处有多么七上八下,不知所措,只有我自己明白。所以我也需要一些理论和数据来支撑,才敢面对未知的远方。其中很重要的一次,是我在决定"退休"之前,跟我那个宝贝实习生一起做了一道非常简单的算术题:50 年是多少个小时?

可能很少有人会去算这个数字,答案是 24 小时 × 365 天 × 50 年 = 438000 个小时。这个看似没来由的数字,却成了支撑我选择新生活,做出"退休"决定的理论依据。

我 27 岁时选择走新的路,一切归零,除了自己的时间、才华、勤奋,其他一无所有。所以我假设取整数,从 30 岁到 80 岁,这 50 年里我究竟有多少时间可以用来重新打造自己的人生。

大家都听过 1 万小时理论,讲的是任何一件事通过 1 万小时的训练,都可以达到专家级的水平。所以我假设每天可以有效地利用 10% 的时间,即两个半小时,那么 50 年里我将有 43800 个小时可以用来做事,按这种理论就可以把 4 件事做到上面说的专家水平。以此类推,如果能有效利用 20% 的时间,即每天五个小时左右,50 年就是 87600 个小时，意味着我可以把八九件事做到专家级。我想了想觉得每天合理地利用四五个小时是做得到的，于是我归零的心态突然变得豁然开朗，焦虑和恐惧也一下子消失了。能够把八九件事做到专家级，人生还有什么可担心的呢？

新 1 万小时理论

在这些年的新生活中，我对 1 万小时理论又有了一些修正和改进。

第一，"专注度"会大幅影响效率。"用心"和"磨洋工"这两种不同的状态，显然会带来不同的结果，想收拾好时间首先就要提升专注力。我的兄长和好友谢晖，曾是中国最优秀的足球运动员，我们一起旅行的途中，每天都会一起去健身房训练。跟着顶级职业运动员一起训练，不仅可以学到顶级的方法，同时我也深深地被他的运动精神所感动。他基本每天只训练半小时，但这是精力绝对集中的半小时，那种我们在健身房经常看到的一边训练，一边玩儿手机的情况绝不会发生在他身上。他带我一起做动作时，会大声地告诉我："用力呼吸！睁大眼睛！盯着镜子！每一个动作都要最大幅度做到位！"在他的带领下，每次的半个小时都变得极其高效且斗志昂扬，跟我自己平日里松松垮垮的训练，完全不是同一个境界。

我跟他训练的次数越多，就越是能不断地提醒自己专注，因而专注的程度就越高。于是，我慢慢开始理解顶级职业运动员的专注力，是常年训练打造出来的。我问他为什么每天只练半小时，他说

第七章 收拾时间

质量永远大于数量，练多了反而不容易坚持，相反，细水长流更持久。每天半小时，但他几十年都在坚持，而专注又把他训练时间的含金量提升到了一般人无法企及的高度。45岁的他，依然拥有完美的胸肌和腹肌，身高1.88米又有英国血统，本来就很帅气，又精通好几门外语，做球员时拿冠军、最佳射手，做教练又拿冠军，常年旅行和阅读，整个人的气质优雅而阳刚。

第二，"交叉训练"，简直像是我给自己又打开了一扇门，升了一级似的，它同样可以大幅度提升1万小时的效率。我们都知道学完英语再学法语，要比直接学法语容易得多，因为它们同属印欧语系，有很多同源之处。同理，先学了英语和法语，再去学德语，那么学习德语的过程就更容易。所以连续学习有"交叉性"的领域或专业，会使所消耗的时间成本大大降低。

很多冲浪高手都是滑雪和滑板高手，因为这三项板类运动非常相近。冲浪的人回到了在雪山的家乡，想冲浪又没条件，于是就踩着冲浪板直接从雪山上滑下去，滑雪运动就这样诞生了；而滑板其实就是安了轮子的冲浪板或者滑雪板，运动原理并没什么区别。这几年又兴起了一种可以在陆地上玩儿的冲浪滑板，滑板前面的轮轴可以扭动，所以不需要再用脚蹬地来前进，只需要腰胯的持续扭转就可以产生不断向前的动力，这简直就是在陆地上冲浪。基于这些相通的运动原理，一两万个小时就足以让一个人在这些项目上都成为高手。

学琴也是这样。我6岁开始学柳琴，12岁学了中阮，都是民乐里的弹拨乐器，弹法有相似之处，所以中阮也很快成了我所擅长的乐器。而十八岁学古典吉他时，我也的确学得比别人快得多，因为吉他虽然是舶来的乐器，但也属于弹拨乐器的大范畴。我刚退休时偶然在海边冲浪客栈看到了一把尤克里里，就拿起来摆弄了两个星期，之后人们就经常能看到我边弹边唱走在街上玩儿了。这跟会弹钢琴就会弹电子琴；会打架子鼓，非洲手鼓也很容易学是一样的。

我与时间之约

当慢慢融会贯通之后，我发现创业也是一样的：知道如何开一家餐馆，也就知道如何开一家酒店，如法炮制也可以开一家互联网公司。每件事具体所需要的知识结构不同，但做事的路径相仿，基本都是先要找对合作伙伴，然后注册公司，确定产品和业务，寻找客户，做销售和售后服务等等。看似相去甚远的领域之间，却也有非常多的相同之处。

我刚"退休"时处于彻底归零的状态，有种一无所有的感觉。而恰恰在一无所有时，我才意识到，只有时间能让我重新拥有价值。于是在短暂的派对享乐之后，我选择了自己最喜欢和擅长的三个领域：音乐、运动和语言文学，并把全部的时间都"收拾"了进去。

我从六岁开始学音乐，从小到大没有间断，最初是爸妈要求我学，慢慢变成我自己喜欢，再后来音乐融入我的生命，成了我生活的一部分。可以说弹琴是我的玩耍，我的冥想，我的超验（超越感觉和理性而直接认知真理的感知体验过程）。

我自幼身材瘦小，到了初中开始喜欢上篮球，虽然个子很矮，但没少刻苦练习，所以我在中学、大学时靠打球圈了很多粉。后来的事儿大家就都知道了，因为遇到冲浪，一发不可收拾，我深深陷入了蔚蓝深海的魔力中，爱上冲浪并告别了都市生活，所以运动也是我喜欢和自以为擅长的领域。

再说说语言文学，北大中文系的全称就是北京大学中国语言文学系，这是我的本科专业。周游世界让我有机会接触更多元的语言环境，而旅行过程中那些有趣的故事，自然成了我文学和音乐创作的灵感源泉。

最开始不少朋友质疑我："这么多事儿你干得过来吗？得专心啊！"他们哪里看得懂，恰恰因为事儿多，我才干得好。因为没有人可以每天连续8小时弹琴，8小时写作，或8小时运动。三者结合，有静有动，阴阳平衡，使生活丰富多彩、不断交替的同时，又让我可以经常"换脑子"，所以日子过得一点都不枯燥，我的意识时刻处于兴奋状态之中，因此能常葆热情。

我最初在三个领域里各选出一个重要的项目来发展：音乐里选了吉他，运动里自然选冲浪，语言则是强化英语。同时我也不断接触新鲜的项目，比如在运动领域，我每年都会选择一两个新项目从零开始，进行为期几个月，被我称为"Zero to Hero（零到英雄）"的职业训练。我先后接触了潜水、自由潜水、桨板、摩托艇、航海、特技飞行、瑜伽、柔术、泰拳、拳击、水翼、风翼等项目，目的就是为了增长见识，把主要门类都熟悉一下。很像中国的武术家们，除了一门看家的兵器，其他十八般兵刃也样样拿得起，放得下。

生活对我恩宠有加，从我2014年1月底正式"退休"，到

2016 年 5 月过生日时，我得到了世界上最大的冲浪品牌 Volcom 的赞助；2017 年 3 月，我得到世界上最大的吉他品牌 Martin 的赞助；同年，我开始跟全球第二大的运动品牌 Lululemon（露露柠檬）合作，他们支持我习练瑜伽、冥想。2015 年在巴西，我 30 岁，写下了人生中第一首歌，到了 2018 年，本田、七喜这些国际大牌开始买我的歌做广告配乐；2019 年更有朋友用我的故事和歌改编成音乐剧；这两年更有好莱坞巨星想以我的故事来写剧本，拍电影等等。几乎我每次学习一样新本领，就会在短时间内被人发现，并产生现实的价值。现在看来，我当年有机地将这些学习、训练结合起来，的确重新构建了我的生活，并为我开辟了全新的人生道路。

很多老朋友都会觉得我完全变了一个人，也说不清楚我是干什么的了，既是投资人，又是音乐人，还是极限运动员、作家，拥有多重身份。孔子说："君子不器"，李小龙说："be water（人生应如水）"，讲的都是这个道理。我们把时间和精力投向哪里，就会在哪里收获价值和新生活。我很感谢自己当年"收拾时间"的决定。

持 之 以 恒

设计好了收拾时间的方向和结构，就要一直坚持下去。高效地利用一天的时间很容易，难在持之以恒。我 11 岁从哈尔滨搬回北京，临行前，我的柳琴启蒙老师送给我一个节拍器留念。他在上面亲手刻了四行字："珍惜时间，勤学苦练，持之以恒，方成大器。"时至今日仍是我人生的座右铭。我 18 岁高考结束，有机会回去看望恩师，他拿出我6岁第一次去他家里学琴时的录音给我听。无法想象柳琴、中阮演奏水平都在国内名列前茅的我，12年前居然是个几乎五音不全的小音盲。正是长年累月的坚持训练，使藏在我内心深处的天赋和力量迸发出来，并彻底改变了我。我曾有一位来自德国汉诺威的吉他老师，他在公开教学的大师班上对学生说："学习古典吉他是一生的长跑，一旦开始，永远不要停下来。"随着自己人生不断地展开，我越来越深地理解这句话，不只是吉他，这世间的一切技艺、知识、才华、财富，所有伟大的力量和成就，都源自长久的时间积累。

传 球 理 论

拖延症大概是现代年轻人的通病，我自己也曾是重度患者，深受其害。我本就有这个毛病，再加上这些年冲浪，生活在各种节奏悠闲的海岛上，配合着西方浪人朋友们的集体散漫，我的拖延症就发展到了令人发指的程度——一件事随随便便就能被我拖上半年，甚至两三年都不去办。回想起来，我的人生真的曾经处在一个颇为诡异的局面里。

为了改掉拖延症，我做了很多尝试，最终找到了办法，还跟好朋友共同取了个名字，叫"传球理论"。懂足球的人都知道，越顶级的球队它们的球员在场上带球时间越短，传球次数越多，因为靠传球就不用依赖个人的带球技术，也会大量节省体力，并且通过大范围传球可以有效地打乱对方阵型，控制场上节奏。我的传球理论就是每当出现一个做事的指令，就好像有个球传到了自己脚下，尽量不停球，不带球，用最短时间把球传出去，进行下一步。我开始训练自己，想到一件事就立刻去做，完成之前不准停，严格杜绝"睡醒觉再干，吃完饭再干，或者是累了歇会儿，找个别的时间再干"之类的情况发生。后来我总结，"球"在脚下停的时间越短，事儿就做得越漂亮，做成的事儿就越多，成长也越快。

时间是我们唯一的资产，也是我们的朋友，相比如何利用金钱，我更关心如何利用时间。我们的生命始于时间，也终于时间，"35岁"本身也是个时间概念，我们唯有珍惜和享受每一点滴的时间，才是真正地珍惜和享受生活。

第八章
把生活过好

只活一次

"人只活一次。"

这话我之前说过,也写进过我的歌里,尽管这样,仍然值得再说一千次、一万次。我在多次濒临死亡,常年跟极限运动打交道后,就特别有感触于这一人生体验:生命无比美好,但一去不再来。每当走在生死边缘时,这种强烈的感觉会让我意识到,我来到世上一次,就要把心之向往的事儿都做了,否则人生是没有后悔药吃的。

因此,"先设计生活,再设计事业。"就成了我的生活原则。

而我看到绝大部分人是反过来的,或者压根儿就从没有真正意义上设计过自己的生活。我经常能听到别人说打算从事什么样的工作或创什么样的事业,但很少能听到有人讨论要如何生活,有什么样的生活追求。西方人会以生活为重心,国人有这种思维的尚不多见。

我们从小长大的人生轨迹多半是6岁上小学,在孩提时我就承受繁重的课业压力;而初中、高中战斗般的日子紧随其后;接着只

第八章　把生活过好

休息一个暑假就到了大学；而很多人更是在大学二三年级就开始了假期的实习工作；再往后不是马不停蹄地考研、出国，就是迅速找工作进入社会。而我呢，也是在大学还没毕业就开始创业，随后一个接一个地创业，时光匆匆而过，一晃到了 2013 年，那年我 27 岁。除了 6 岁之前的日子，其他时候人生像是被绑架了一般，被自己，被周围人群，被整个社会的节奏裹挟着向前奔跑，从没有真正大段的闲暇时光。

我若不是 27 岁那年在海里多次遇险，几次救人和自救的濒死经历给了我巨大的触动，恐怕也还是不会停下脚步看一看生活里到底缺了什么，或者自己究竟想不想要这样的日子；当然我更不会跟过往道别，不破不立地重新来过，也就不可能有这一路七八年所建立的新生活。"人只活一次"，每当回看这七八年的新旅途，我都觉得好在当年做了抉择，总算不枉此生。如我在序言中所说，我对 27 岁时作出提前"退休"决定的那个年轻的自己，充满感激。

启动内心力量

设计生活，最先要做的就是启动内心，只有找到内心的力量，听到内心的声音，才能最终找到生活的方向。请给自己一分钟的时间仔细回顾一下，你的人生中可曾真真正正地问过自己，到底想要什么样的日子。

我们生活在如此忙碌的时代，尤其是在这个以数字为目标的世界里，单单是问这样的问题都显得奢侈，所以真正能经常扪心自问于此的人就更是少之又少。但面对仅有一次的生命，不仅要问，而且要深入地问下去，一直问到内心与灵魂深处。

内心的力量是我们可以拥有的最强大的力量。这种被现代人遗忘了的力量，比账户里的存款、名下的房子和车子要强大得多。而今时今日，大多数人错误地把生活的幸福感和所谓的"安全感"全然寄托于外物之上，从而失去了自己内在真正的勇气。小时候我以为大人都很睿智，很勇敢，长大后才明白，成年人百分之九十五以上都很迷茫，很厌。

启动内心力量，最需要的就是勇敢。我遇到很多人，尤其是30岁及以上的朋友，连敢于说出自己愿望的机会都很少。这和我们的集体式教育有关，我们的社会不太关心个体的需求。这也造成了每当聊起这种话题就会有人下意识地回避，转而以工作、家庭、父母、老婆、孩子等为借口，说自己如何无奈，没得选，内心承受着痛苦，过着自己不想过的日子，但一切都是为了让家人开心、对工作负责。这听上去似乎富于责任感，甚至有点儿豪气和悲壮，但稍微用心想想就会意识到这根本就是逻辑悖论，是令人惋惜的怯懦说辞——你的家人、朋友一定都希望你过得幸福。冠冕堂皇地说着"家国大义"，无非是掩饰不敢面对内心真实追求的懦弱，和走不出人生困局的尴尬。这世上满是不敢面对自己的内心，不能对自己的理想负责，却高喊着要为别人负责的道德卫士。戴着面具面对自己和现实，真的长久不了。

第八章　把生活过好

梦想 A4 纸

我有个启动内心的秘密武器,姑且叫它梦想 A4 纸吧。

我刚"退休"时,要把我的车从北京开到海南,有几个朋友想要同行,于是我们就设计了行程,两辆车,七个人,一路走一路玩儿。当时在我车上除了我的司机还有个美国哥们儿,旅途中我就提议:"咱们要去过新生活了,大家都把未来的愿望写下来吧。"于是我拿出 A4 纸那么大的本子,开始边聊边写我的梦想清单。我记得我写了想跟 Bob Dylan(鲍勃·迪伦)吃顿饭,听他谈谈音乐,想去西班牙的伊维萨岛开派对,还想去夏威夷冲浪,想去跳伞,想学开飞机,想去航海,想开自己的演唱会等等,满满几大篇。

几年过去,有意无意间我实现了其中很多愿望,也有些还在路上。我开始意识到写下这份梦想清单的意义并不在于迅速地把每一个愿望实现,而是为了更好地认识自己。在脑子里的那些想法都只是虚幻的念头,佛教里叫妄念,是漂浮不定的,随时来,随时走,所以它是虚的。想把虚变成实,就要写下来,说出来,记在心里,然后踏下心一件一件去实现。人一定要敢于有理想,敢于说出心声,这是启动内心的重要一步。

有点仪式感更好。给自己哪怕是一两天的时间,找一处山清水秀开阔安静的地方,比如面朝大海或平原,只带最简单的行李,几张空白的 A4 纸和写字舒服的笔,安安静静地把自己想要的所有东西都写下来。一张不够写两张、三张,不要怕,更不要觉得写了也实现不了。反正是纸上谈兵,干脆当成游戏来玩儿,假设你拥有整个世界，你想得到什么都可以，给自己一个任性的机会。我推荐了很多朋友尝试这种做法，大家都对这种少有的、极致自由的想象过程感到愉快。既然只活一次，为什么不呢？

当你写下来看着它们时，会发现之前很多被我们认为根本不可能的事儿，似乎也没那么难于上青天。你更会发现真正禁锢内心的，不是父母，不是老婆、孩子，更不是工作，而是我们始终不敢面对的真实自我。但也不必懊恼，我们的教育没有教授和训练我们如何追求内心，所以大家都缺乏经验，而从这张写满梦想的A4纸开始，就可以重启内心的力量了。

以 退 为 进

我曾写给自己一句话："所有的进都是为了退，所有的退都要有进做支撑。"

如果"进"的每一步都需要细致的谋划，那么"退"则更值得投入精力和智慧来从长计议。总能听到大家计划如何去创业、赚钱，这都是在"进"，但怎样才能年轻"退休"，需要哪些准备工作，可行性分析和风险控制等等问题，就几乎从来听不到任何人讨论。如果"进"需要常年计划，步步为营，那"退"就不需要吗？

"知之者胜，不知之者不胜""多算胜，少算不胜，而况于无算乎。"作战如何取胜其实老祖宗都讲得非常清楚了。因为并没有几个人真正在为年轻"退休"而"算"，所以很少见到非常年轻就"退休"的人，也就不足为奇。有些人会说财富净值很高的人，就是所谓的"有钱人",依然没有退休,依然特别忙或者特别迷茫。那是因为"有钱"并不是退休的充分条件,如果没有启动内心的力量,找不到人生作为的方向,那生活无非是由物质组成的黑洞,任凭怎样奢侈的消费也无法将其填满。同时没有建立起良好的生活方式,缺乏对"退下来"的计划和安排,也让"退休"这一目标显得遥不可及、漫漫无期。打不胜的仗,都是败在没算清楚上。

世界上最大的秘密往往都是公开的,人人都知道"好好学习,天天向上",只要能做到的人都可以在学业上有所建树,但事实是能做到的人就是很少;巴菲特一生最重要的投资原则就是"等待"和"不要赔钱"这两条,很难理解吗?并不是,做到的人都可以获得超额的投资回报,但现实中只有少数人能严格遵守,所以真正能够获得长期投资收益的人也是少之又少。

我所讲的秘密也是如此简单,如果做事业的"进"要十年磨炼,那"35岁退休"的"退"也是如此。我大概从10岁开始就跟我妈说我30岁就要"退休",那时候她当玩笑;大学时我就开始打算35岁"退休"去做音乐;而25岁那年我跟出版社签合同出书,书的内容也是围绕35岁"退休"展开的。但2012年我偶遇冲浪,人生几次大难不死,思想发生巨大变化,就决定早早"退休",比原计划提前了七八年。可以这么说,当大家看到我27岁"退休"时,我已默默为此谋划了10年以上。如今经常喊着要早早退休的大部分人,并没有真正地做过如何退休的计划,更没有将全部心力投入到如何实现这个目标上。

时代变了,原来大家都是到了岁数就退休,按照规矩来就行,不需要太多个体的思考和计划。因此传统上我们没有这方面的经验和方法，大家的起点都很低，能想到这儿的人已经是人群中的佼佼者了。但时代变了，我们的生活也更加个性化，每个人未必是相同的时间进场或离场，谁能尽早做完该做的事情就可以提前退休，去追求人生新境界。最近有句话让我深有感触，"牛羊才成群结队，狮子老虎都是独行"，没必要过度顾虑其他人怎么想，怎么说。做自己，追寻内心的呼喊才是人生最大的秘诀。

走 窄 门

老妈在我6岁时告诉我："一件事，大家都去干了，你别去就对了；一件事，如果没人做，你去做，八成就对了。"后来我看诺贝尔文学奖得主安德烈·纪德写的《窄门》，他也援引了《圣经》中的一句话："你们要进窄门。因为引到灭亡，那门是宽的，路是大的，进去的人也多。"我一路践行着这一原则，没有去走通往灭亡的宽门，一直尝试、探索与众不同的人生，无比感谢老妈的智慧照着我的路。有个词叫"卓尔不群"，我认为，"不群"应该是"卓"的基础，先要不群，才可能有一天变得卓越，卓越的人往往都是那些"不群"的。

有朋友要去新的地方开创新的事业，就跑来问我："这么大的一个省，应该落脚在哪个地区开始发展？"我没跟他说那些大城市、繁华的地方，反而说了有原始丛林，离海也不远的山上。他们问我原因，我反问他们："咱们现在都三四十岁，这个人生阶段做计划，应该以什么为目标？"他们都表示从没想过这个问题。我就说："你们现在的谋划，一定是为了五年、十年后的退休做准备。"我前面说过"向死而生",就是反过来活,所以选择新的落脚点一定不能只顾眼前利益,而是为了长远生活做打算。优质生活的样子,一定要宜居,风景好,有高质量的空气、食物和水。这绝不是我聪明自己想出来的,都是我跟咱们的老祖宗学的。他们找到神州大地这片幅员辽阔、富饶壮美的空间,建立了华夏文明——东边、南边是海,西边是高山,北边是高原和荒漠,天然地保卫着如此广阔的领土。再筑一道长城,就有了"海内皆兄弟,天涯若比邻",也有了这个民族五千年的发展。我们带着这样的人类智慧择地栖居,那些拥挤紧张、生活质量低下、生活方式落后、性价比严重失衡的都市,自然就不会出现在备选范围之内。过去的君王圣贤,文人雅士,哪个不是在最好的地方建都城、行宫、官邸、园林、书斋和居所?所以当然要跟老祖宗们学!我所建议他们的那些地方也许还没被完全开发,因此做出相同选择的人,必然也一定是有眼界,有先进生活方式和不凡品位的人,他们在思想和物质上往往都相对富裕,会形成绝好的社区氛围。这就是我所说的先设计生活,为"退"做打算,事业自然有着落。

对了,《圣经》里关于"窄门"叙述的后半句是:"引到永生,那门是窄的,路是小的,找着的人也少。"

第九章
自信是练出来的

谁是最了解你的人

先来回答几个问题:

谁是和你相处时间最长的人?

谁是知道跟你有关的事情最多的人?

谁是最了解你的人?

经常有朋友来找我给他们的事业或人生方向出主意,通常一番倾诉之后我都能帮他们把方向、路径、办法都想得很清晰。但每到最后我都会提醒他们,其实所有变得清晰的思路都是他们自己熟知的信息,我只是帮忙梳理了一下。所以我每次都会对他们说:最了解你的人就是你自己,遇到困难、挑战时最知道该怎么办的,还是你自己。

人非常容易被过量的信息毁掉。

我们生活的时代,信息在爆炸,某些情况下信息像垃圾一样廉价。看似大家都知道很多事儿,但很难说究竟有多少是真正有价值的。当信息混乱无序时,不仅不会对我们产生帮助,反而让人失去判断,迷失其中，因此重组和排序才是找到出路的唯一路径。我作为局外人，又生活在远离都市的海岛，脑筋就清楚一点，所以经常帮朋友们筛选重要信息，梳理路径，找回初心，把那些让他们变得迷茫、焦虑、不自信、不积极的无效信息排除。

不自信往往来源于未知，也就是对自己和外界了解不充分，所以要练习建立真正的自信：第一，了解自己；第二，了解目标；第三，分析自己与目标之间的距离；第四，精细地计划；第五，钢铁般的执行力。

迷茫周期

迷茫是人生每个阶段都必经的周期。二三十岁的人刚刚在社会中崭露头角，不迷茫才有问题。迷茫不仅不可怕，反而说明我们开始意识到不足，并且在思考如何摆脱困境，因此迷茫是成长中必要的经历，它的出现意味着转机即将来临。经历多了就能总结出规律，我把它叫作"迷茫周期"。

人在做成大事之前一定会经历一个甚至几个"迷茫周期"，没吃过苦，也很难理解什么是甜，更不会对世间的人情冷暖有充分理解。我现在依然有时会陷入迷茫，时不常有点儿不知所措的感觉，只不过不同人生阶段所迷茫的问题不同。而有了经验后，一旦这种感觉再次出现，我就知道，新的人生方向就在眼前了，坚持就好。"知不足为进"，我反而会告诉自己越是这个时候，越要放松，给自己多些空间，开心一点儿，毕竟紧张和焦虑是帮不上忙的。

我生活里的每次迷茫，大概都在 1~3 个月之间，遇到大事儿，可能会有半年到一年的迷茫期。人在迷茫初期开始动脑筋，想办法，找出路，通常周期之内就能找到办法，之后一次次地尝试，情况就会转好，心里的焦虑也就开始缓解了。这跟艺人登台、运动员参加顶级赛事一样，头一次特别紧张，十次八次之后，就和吃饭、走路一样自然了。

自信即自我

我自己就曾是这世上最迷茫的浑小子，在名利中彻头彻尾地迷失过，可以说我的人生几乎就是个不断犯错的过程，所以我开始总结到底什么是"寻找自我"——最初自以为知道自己是谁；然后在一连串错误中发现根本不知道自己是谁；之后又在修正和弥补错误时慢慢重新发现和认识自己到底是谁。每个人成长过程中，都会寻找一种被称作"平静"的状态，也就是作为旁观者，可以客观地看待各种情绪而不为所动的状态。过度自信、膨胀的时候就压一压，低调一点；失落、不自信的时候，睡一觉，吃点儿好的，安慰下自己，锻炼锻炼身体，就又可以挺胸抬头了。人是一种在极度自信和极度不自信之间徘徊的情绪化动物，而徘徊也是慢慢认识自我的过程。自信和不自信客观上都只是正常的情绪状态，越是看淡，越不受影响。

身体好，精神好，商场情场都得意，人人都会自信，这种情况下的自信算不上真正意义的自信。而在逆境中还能够坚信自己的选择，相信一切都会好起来，相信困难都是暂时的，相信办法总比问题多，相信即便摔倒了也还能爬起来，相信不断坚持才能找到真我，这才是真正的自信。而一个真正自信的人，不会有过不去的坎儿。正如现在很流行的一句话："生死之间，皆是擦伤。"

三个习惯

第一，理容。不管是脸面、发型、穿着，还是体态，都应该打理得像模像样。因为人与人相互间最先接触到的，就是对方的外表。过度打扮没必要，但保证自己干净利落，有精气神儿，是对别人的尊重，也是自信的基础。胡子拉碴，蓬头垢面，眼角还挂着眼屎，别说见人，自己照镜子都受不了。

自信源于健康和智慧。长期早睡早起，规律生活，健康饮食，坚持锻炼，会让人体格强壮；不断阅读可以丰富头脑，开阔眼界，这种生活方式使人散发出来的气质，是跟那些整宿在机房里抽烟剪片子，或者在网吧吃泡面、打游戏，在歌厅通宵买醉、夜不归宿所形成的状态是有质的区别的。

我有个发小儿，家庭条件很好，从小就是童星，演电影，拍电视剧，一路也都在好学校就读，学电影制作，之后又去洛杉矶进修。他哪里都好，物质上什么都不缺，但有个大毛病，指甲永远脏兮兮，头发永远乱蓬蓬、满是头屑且有味道，经常西装配着运动裤，穿布鞋就能出门。这哥们儿从小到大没怎么交过女朋友，我要是姑娘，也一定躲他远远儿的。躲着他的，除了相貌、人品出众的女孩子，是不是还有知识渊博的老师，仗义、有趣的朋友，目光高远的老板，志同道合的创业伙伴？天知道他因为这样的状态曾被多少机会默默地拒之门外。

第二，整洁。2020年5月底我又一次死里逃生——清晨一场突如其来的大火，把我住的酒店几乎烧了个精光，所幸没有人员伤亡。所有住客里，只有我几乎没有丢失什么东西，大家都诧异于我能在5分钟里连人带行李全都逃出火海。这得益于我常年和运动员、模特儿们一起生活，越是漂亮的女孩子，越是水平高的运动员，他们的私人物品越简单、规整、井井有条。所以我也在不断地提醒自己养成良好的生活习惯，保持房间干净整洁。这才有了我能在火势蔓延到卧室前的短短几分钟里，在睡眼惺忪的状态下快速打包整理好所有家当的表现。

所有我参访过的宫殿、寺庙、教堂、会展中心、高档酒店，室内都是陈设简单，杂物极少，且件件皆精品。相反，越是东西多到把家里都塞满的人，生活也就越混乱和贫穷。老话说"破家值万贯"，但今天在我看来，家里最好别都是"破东西"，尤其不要经常把没什么用的东西拿回家，因为每一件物品都会消耗人的精力。所以，其实只要做到生活居所干净整洁，傍身之物少而精，生活质量就已然得到提高。外表和环境变了，人自然也容易变得自信。

2019年春节前我临时借朋友的车出行，一上车我就说你最近肯定缺钱，他很惊讶，问我是怎么知道的。我说你车里这么乱，零钱硬币四处乱扔，财运肯定好不了，他不好意思地笑着点了点头。他在大型基金公司做高管，收入不菲，但总是存不下钱。我跟他说要想改变状态，先从把车里、家里收拾干净开始，如此脏乱的周围环境，会毁掉自信和好心情。从这么脏乱的车上下来,去进行各种商业谈判,连气场都镇不住人。所以请一定整理好个人财物,你对钱仔细,它才会对你仔细,反之亦然。

第三,手势和动作。在重要的会议、演讲、演出等事件之前,几乎人人都会紧张,缺乏自信,这很正常。做一些可以提高自信的手势或动作,比如对着镜子微笑、挥挥拳头、闭目养神、深呼吸等等,都可以在短时间内改变自己的状态。我经常会拍一些节目或广告,拍摄时最常遇到等待各部门配合的情况,极其消耗精力,时间稍长人就容易疲惫,精神涣散。而所谓自信,就是一股精气神儿,"神儿"散了,就都散了。我在这种情况下通常会进行短暂的冥想,闭上眼睛,集中意念,以快速长养精力,收回神气,其实几次深呼吸就能改变状态;有时我也通过运动,比如做两组高抬腿跑或者俯卧撑,很快也会显得饱满有自信,可以从容应对大庭广众下的各种场面。

切勿半途而废

自信的建立是个长期过程,我们要在过程中不断给自己设计可以促成进步的阶梯。让自己不断达成有一定挑战性的目标就是建立自信的最佳途径。有挑战性的目标一定是那种需要人跳起来才可以够得到的,而不是站在原地就唾手可得的。太简单的目标不会带来成就感,而目标太难则容易使人放弃,半途而废多了,人就离自信远了。

每一次半途而废,对自信都是一次重大打击,看似悄无声息,

第九章 自信是练出来的

但每次放弃都在深刻地重塑着你的性格。我们不停地往前走，潜意识就会不停地往前走，即便事情遇到挫折，只要不放弃，自己都会变得越来越强；可一旦放弃，潜意识也会随之停下来，并且在大脑中形成一种遇到困难就终止的信号，这种信号被多次加强和适应之后，就很难建立起强大的自信。

我的好兄弟，也是合作伙伴，知名菲律宾华人创业家 Berwin Tanco，他人生中每个阶段都曾实现过超越常人的目标：他24岁时就带着自己的互联网公司在纳斯达克上市，随后他辞去公务，进入退休状态；20年来他周游世界，玩儿游艇，开派对，买海岛；退休后的他玩物但不丧志，他自学并精通八门外语；为了给自己盖房子，他自学设计，几年时间就成了专家，并在全球完成了超过300个包括豪华别墅、高端酒店、私人港口、游艇会等项目的设计和建筑。

当每个人都在为他青年时连续创业，玩儿着成就人生的故事惊掉下巴的时候，一份20世纪90年代菲律宾国家游泳队的名单上也赫然写着他的名字。十几岁的他，曾经多次创下1500米自由泳的国家运动会、东南亚运动会和亚运会纪录，他在运动的巅峰时期还曾代表菲律宾参加过1992年巴塞罗那奥运会。

如今他44岁，依然每天坚持跑步、打拳、健身，以及各种水上运动；最近又在酿酒、写书、拍节目。看到他宽宽的肩膀，如二十几岁小伙子般健壮的身材，看他在海里、风里运动时各种飘逸的动作，以及脸上从不曾缺席的微笑，才会理解什么是真正的自信。这样的人生，是干什么像什么，不断从一个成功走向另一个成功的过程。

平庸的人喜欢把别人的成功归结于运气、家庭背景，总认为别人的卓越是因为具备更好的客观条件而理所当然。而他们真正卓尔不群的原因是一旦开始就坚持走下去的勇气和韧性。很多卓越的人都会常年坚持一些看似意义不大的小事儿，目的就在于通过坚持塑造自信。

每个人内心深处都有伟大的自信，我们所需要的，就是通过不断地优化自己，使得那种来自心底的自信能够显现出来。无论家庭还是事业，人生的一切进步都离不开自信，练就是了。

第十章
意志力也是练出来的

意志力像肌肉一样

意志力就像肌肉一样，不练就会软下来。无论你曾是运动员或是军人，无论你曾经多么坚强，一旦陷入舒适的生活，很快就会变软弱。

我的英国兄弟，事业上的合作伙伴，创业家David Hans Baker，跟我同是35岁，身高也差不多，但他更强壮。这个曾经是和尚出身的亿万富翁，热爱竞争，喜欢赢，事事都要争第一。不管是每天都坚持的冥想、健身，还是同样每天坚持的长时间工作，跟他一起总是让人感受到非常强劲的力量。

我俩前段时间做了档综艺节目，起名叫《苏的挑战》。顾名思义就是他每集给我一个挑战任务，由我们两人共同完成。第一集就是他把我拉到悬崖上的冰水池边，放进巨大的冰砖，我们要跳进3摄氏度左右的冰水里冥想5分钟。我一开始真觉得这是在开玩笑，完全搞不懂意义何在。但既然人家安排了，我只好硬着头皮答应。

第十章 意志力也是练出来的

巴厘岛白天30多度，太阳暴晒的地方更热，我们傻哥儿俩扑通就跳下冰水池，那一瞬间真是彻骨的寒冷。还不到半分钟我就撑不住了，闭着眼睛，咬紧牙，浑身被冰水刺痛，连骨髓里都感觉得到。我几乎打算要站起来放弃了，正在激烈地心理斗争时，却听他平和地跟我说："我的兄弟，你可以的，这算不上什么，不要理会你的头脑，你的身体会慢慢适应这寒冷的温度。"他还真是气定神闲，目光坚定。他接着说："深呼吸，每一次都把气息送到身体的核心；让你的思维慢下来，跟我们曾经经历的那些更加艰难的时刻比起来，这冰水只是小意思；想象一下一会儿我们俩将会站在洒满阳光的悬崖上，看着绝美的落日，全身沐浴在温暖的夕阳下，那将会是极其美好的感觉。而你所需要做的仅仅是再等待100多秒钟。"听了他这番话，我内心真的开始变得愈发安静。差不多3分钟时，我已经开始适应了水温，时间随即到了4分钟，我当时觉得哪怕再让我待上5分钟也问题不大。最后30秒我想加大一下难度，于是深吸一口气，把头也埋进了冰水里。

正像David说的，5分钟很快就到了，我们结束拍摄，钻出水池，工作人员端来热水、咖啡慰问我们。刚从冰水里出来，浑身血液都在加速流淌，有种血脉偾张的感觉，夕阳温暖地照在身上非常舒服。我俩一转身，跳进旁边的热水池里享受着悬崖上的夕阳壮景，身旁还坐着几位来自巴西和俄罗斯的比基尼美女。

我一边看着夕阳，一边在头脑中闪回冰水池里的几分钟，觉得一切似乎是真的，又似乎根本没有发生过。这时候David俯身跟我说："经历了这5分钟，咱们都变了，如果当时放弃了，我们就将带着一次半途而废的经历走向明天，而现在我们是两个胜利者。"我对他说："多亏你跟我说了那些鼓励的话，我还真是差一点儿就扛不住了，但咬咬牙坚持下来也就赢了。"

回到家写日记时，我反复在想，虽然我曾经历过高考的一百天挑战，考上了最好的大学；后来我停学创业，做投资那些年也是历经坎坷，起起落落；加上这些年挑战各类极限运动，见了这么多生死时刻，按说我应该有足够强大的内心。但出乎意料的是，在冰水池冥想这么小的事儿面前，却发现我的意志力远远不够。这个挑战给我敲响了警钟，让我意识到意志力就像肌肉一样，不练就会松懈。持续锻炼意志力，对于我们想达成的一切，尤其是像"35岁退休"这种宏伟的人生目标来说，是种最基本的保障。

顺成人，逆成仙

我曾在听到很多人关于梦想的豪言壮语之后倍感振奋，也包括我自己内心那些所谓的"梦想"。但最常出现的情况是，我会紧接着冲他们礼貌地笑笑，权当没有发生过。当然，我也无数次地笑过自己，因为通常这些豪言壮语背后是空洞、懦弱的意志力。如果认真想想在实现这些目标的路上会有哪些妖魔鬼怪和九九八十一难，来挡住"梦想家"们的去路，就会觉得他们的意志力脆弱得恐怕还没有在冰水池里待上5分钟就会"被妖怪抓走了"。更可怕的是，这些家伙可能只需要睡一觉就浑然不记得那些刚刚说过的豪言壮语了。

然后我开始了锻炼意志力的研究。练太极的人常说一句话"顺成人，逆成仙"，顺着人性来就能练成人，但要想"成仙"，则需要反向思维，逆人性而为之。比如健身就是反人性，尤其是对刚刚起步锻炼的人，那过程中的种种酸爽疼痛，每天都充满悖逆人性的挑战。人天生喜欢慵懒和悠闲，我也一样。但如果想获得好身材，想气质出众，必须得每天克服惰性去生活。

懦弱的现代人

我又看了一些跟人类学有关的分析，我们的祖先从远古时代的自然环境中杀出一片天地，一直延续、发展到现在。那时的人类，面对的是物质条件极其恶劣的环境，以及各式天敌和随时可能出现的自然灾害与各类疾病。他们想活下来，就必须具备足够的意志力。而现代人都在过着非常舒适，甚至腐化的生活。我经常能听到很多朋友因为特别小的事儿，就郁闷了，委屈了，甚至绝望了。这时候我就会想，生活怎么你了，有吃有喝有穿的，一个不如意你就扛不住了？比起前人，当代人的意志力真是越来越弱。

小时候总听媒体评论我们"80后"这一代不行，太娇生惯养，缺乏意志力，尤其是跟日本小朋友一比，差得太远了。现在回想，这个说法太对了，且极具前瞻性。未来的中国人，如果不重视和锻炼意志力，别说35岁"退休"，整个国家兴衰都成问题。

和我父母相比，我的意志力差了太多。他们是"50后"，"老三届"那拨儿人，十六七岁就从北京到了北大荒，上山下乡一走10年。他们少年时代就远离家乡，在艰苦的自然条件里，从事大量的体力劳动，培养心性。我们如今这个富强的国家，就是靠那样的一代人建立起来的，他们在物质上是相对不富裕的一代人，但却是活得最开心的一代人。因为他们历经磨难，所以特别容易知足，每当生活稍有改善，他们就非常开心，自得其乐。

找到快感

对于想"35岁退休"的人来说，意志力的锻炼应该是日常功课。引用David的话，"每天都得给自己一些挑战"。譬如每天做俯卧撑、坚持跑步和阅读，经常尝试具有挑战性的新领域，让自己跳着脚去够一些目标，都会让我们很快得到意志力增长的快感。

就像健身、运动让人上瘾一样，从一身肥肉开始，是最难的阶段。可一旦克服起步阶段的挑战，步入正轨，你就会发现哪怕是一天不运动，身体都会感到沉重，失去了活力，而这就是我们要找到的快感。每天和自己稍微较较劲儿，达成一些小挑战，生活就会悄悄发生变化，内心会开始产生成就感，性格会被重塑，而这种快感会让人持续产生更多意志力，足以让人面对更大、更有挑战的人生目标。

我们小时候玩儿的魂斗罗游戏，无论你打得多好，后面一关永远比前一关难，越到关底越难打，可另一方面你的游戏水平在不断提高，武器装备越来越厉害，最后通关的快感也是最强的。

坚持的重要性无须赘述，这世上不存在一天就能建成的罗马。人是在不断练习中优化和发展的，长期自我挑战是训练意志力最简单有效的方式——设定任务，每天来战。

第十章　意志力也是练出来的

我 的 意 志

我高考前最后 100 天，给自己提了"十不准"，诸如不准玩游戏，不准用手机，不准交女朋友，不准打架，不准睡懒觉等等。每天学到凌晨三四点才睡，早上七点起床，只睡三四个小时，中午补觉 15 分钟左右，偶尔困了就趴桌子上闭会儿眼睛，100 天就这么熬过来的。

我当年经常在采访中轻描淡写地说"100 天考上北大"的故事，但背后的辛苦不是意志力薄弱的人能轻易做到的。我记得当分数出来，得知自己肯定能考上北大的那一瞬间，100 天里的坚持、辛苦、压力一股脑儿涌上心头，眼泪几乎是从眼眶里喷出来的。那义无反顾的 100 天，是我人生中最宝贵的一课。

我从小就喜欢坐飞机，大学时听说那些毕业进入投行的学长们当空中飞人，一年上百次飞行，拥有各种航空公司的金卡、白金卡，很是羡慕。但当我自己后来创业、做投资时，才体会到光鲜背后的辛苦：六七年间，每天睡 3~5 个小时，每年只有 3~5 天休息，一睁眼就是十几二十个会等着，每年大概要飞 80~100 趟，一年 300 来天在出差，有时 6 天跑 8 个城市；白天开会，写文件，赶路，晚上应酬喝酒，经常第二天醒来时都记不清自己身在何处；也真的有过一天飞三趟的经历，那天最后一次上飞机时，我都浑然不记得目的地是哪里了；每个月开项目会，从早上 9 点开到夜里 3 点，两天要过二三十个项目，各种各样的知识在头脑里如爆炸一般。那种超强的压力和超负荷的工作量，以及短时间内压进我头脑里的海量知识，给我的人生带来了巨大的历练，也让我知道了自己的极限在哪里。

说起冲浪，虽然比不过新秀，但在同龄的国内第一代冲浪者里，我算走得比较远的。外人只看到我"退休"、旅行、冲浪生活中惬意的一面，比如住在各种美丽的海岛上，身边各种比基尼美女环绕，开不完的派对等等。可鲜有人知我从一个体重140来斤、双下巴、娃娃脸的小白胖子，到一个冲四五米大浪，潜四五十米深海，驾机在四五千米高空翻滚和跳伞的极限运动员；从27岁还不会游泳，到35岁拍冲浪、极限运动广告，这一路都经历了什么。

有时我会跟朋友吹牛，一掀裤腿，两条腿从膝盖往下都是伤疤，一直到脚上；再掀起上衣，肩膀、手臂、后背、腰上都是疤。我几乎浑身所有的关节都在冲浪和其他极限运动中受过伤。2016年我冲浪时撞到海底，右肩脱臼，因为在岛上医疗条件差，只能眼睁睁地看着村里的医生把我的右手手臂从肩膀上拧下来，又重新接骨。我带着这只用不了的右臂，又赶去夏威夷冬天三米左右的大浪里拍广告。这个级别的海浪，本身就很危险，更不用说仅用一只手，还要兼顾拍广告。这些数不清的伤痛，无数次生死攸关的时刻，又有谁知道？所有那些看似特风光、特容易的事儿，背后都是靠伟大的意志力支撑的。

我建议每个人都想想10年之后的自己应该是个怎样的人，如果你希望未来的那个自己要比现在厉害得多，就请马上开始锻炼你的意志力，做自己人生的英雄。这样才能不间断地向着10年以后的目标进发。有句话说，"只有拼尽全力，才能看起来毫不费力"，咱们共勉。

第十一章
规定时间完成规定动作

天 之 时

天时地利人和，顺应天时最为重要。而我自己就曾无数次因为错失天时而吃了亏。前面我讲过收拾时间，而这部分要说的则是时机。越深刻的生命认识越会带来对时间的重视，和更加巧妙的方法来掌控时机。达成"35岁退休"这个宏大目标，完全建立在我们是否每一天都在按时完成那些有如一砖一瓦的小目标，砖瓦累得越稳越多，"退休"就越早到来；反之，每拖延一天完成这些小事儿，就必然需要花费更久的时间才能达成大目标；而更多时候，一旦错过最佳时机，很有可能就和目标失之交臂，因此我们也说"差之毫厘，谬以千里"。比如在高峰期上下班的人，早出门10分钟，也许早到半个小时，而晚10分钟，可能会迟到一小时，诸如此类。

第十一章　规定时间完成规定动作

金庸也靠催稿

有人把金庸先生每部作品书名的头一个字挑出来连在一起，成了一副对联：飞雪连天射白鹿，笑书神侠倚碧鸳。金庸先生在武侠世界里大概是最受欢迎的作家，姑且不说达到这样的文学成就需要怎样的功力，单是能写出如此海量的作品，已经让很多作家望尘莫及了。他曾在采访中透露过能够完成这么大篇幅作品的秘密——连载。那时的小说是在报纸上刊登连载，所以他必须每天按时交稿，所有的写作都是有截止日期的，这也成就了他的鸿篇巨著。我的这本书也是一样，如果不是出版社的编辑老师监督和催稿，坚持付出这么多劳动；如果不是我当年定了个"35岁'退休'"的主题，那么这本书的写作和课程的制作也将会遥遥无期。人都有惰性，能免俗的是少数，我曾看到很多作家都在感恩连载这一形式。当然，那些只靠自律就能完成海量工作的人，都是值得敬佩的高手。

说到截止日期，我很多成功的朋友都有个共性的习惯：每拿到一项任务，先给自己规定好截止日期。英文里叫deadline，也就是"死期"，不按时完成就得"死"；我改了个名字，叫aliveline，"活期"，意思是越能按规定时间完成规定任务，事情就办得越有生机，人也活得越好，"活期"听起来也更积极一点。

海量工作法

除了确定截止日期，我经常会通过布置根本无法完成的工作量来训练有潜力的新人,我将其称为"海量工作法"。工作量小的时候,他们经常会看着屏幕发呆,玩儿着手机,吃着东西,慢慢干;工作量多起来后,他们会开始头疼,有紧迫感,抓耳挠腮,熬夜也要做完。

但让人意外的是,当拿到更多的、无法完成的工作量时,他们会在开始一段时间后意识到尽管自己已经非常努力了,但进度上似乎却没什么变化。他们会发现,靠熬夜这样的土办法已经没办法做得再多,眼看着工期临近,而眼下的任务根本不可能完成。于是,他们会停下来做另外一件事(尤其是聪明的那些人,事实上不够聪明的人也不会从我这儿领到如此的工作量)——重新审视自己的工作方法和效率,深入地思考究竟如何才可以改变现状。重压之下必有智者,开始求变即意味着他们的人生开始起飞。有限的时间和海量的工作,促使他们开始运用头脑,找到新方法,告别低端重复劳动,进而在效率和方法上实现蜕变。

去年夏天我就眼睁睁地再次目睹了这种情况的发生,之前所有人都认为我们的新实习生手上工作太多,很不容易,讨论要给他减负,以免把小朋友压垮。但和其他我带过的实习生相比,我反而认为他手上的活儿太少了。他之所以显得负担很多,就是注意力不集中,效率低下,办事慢,返工多,目的还没搞清楚就着手蛮干,超过三分之二的时间是被浪费的。所以我逆着大家的想法,硬生生地给他多加了一倍的工作,大家都劝我别这么做,跟我说他已经每天都熬夜到两三点才能做完工作,但我并没理会。

我打电话给他,开门见山,问他想成为几流人才,让他在一二三流里自由选择,不要有负担,并告诉他我可以帮他实现任何一种选择。他说："我当然想成为一流的人！"我反复跟他确认了三次这一选择，直到我们双方对他想成为一流人才的想法达成共识（事实上我早知道他有志向，只是缺乏引导和训练）。我继续发问："你工作的时候有多少时间在咬手指？""多少时间在回手机信息？""多少时间在吃东西？""多少时间在发呆？"在我的追问之下，他愣了一会儿，没说话。我继续说："你从开始到现在根本没有进入真正的工作状态，都是在缺乏专注力的情况下低效重复劳动。做任何工作都需要先弄清目的，理出提纲、要点、工作顺序，不思考上来就干，经常要面临返工；做商业计划和各类文件，一定不要一边做内容，一边做美化，这样思维就缺乏连贯性，大幅度影响效率；任何一项需要他人配合的工作，一定要事先向相关人收集想法和资料，不然等到自己要用到时才想起来问，就经常要白白等上一两天才能收到对方回复，因为对方也需要时间来准备你需要的内容；而且，更不要为了显示工作成果刻意地把材料篇幅拉长，一遍遍地重复着意思雷同、空洞的话，应该'惜字如金，拳拳到肉'。"他惊呆了，因为我句句话都在讲他的真实状态。可其他人还误以为他的工作超负荷了，事实上害了他的是磨洋工式的工作状态。

我提出由我跟他同时开始做同一份工作，帮他练习效率。不到 20 分钟，我就把写好的文件交给他。当他看到篇幅短小、条理清晰、逻辑合理、用时更短的案例时，瞬间折服。于是他重新打起精神，定好晚上 8 点前要完成所有的工作，果然不到 8 点我就收到他的消息，提前完成了将近是过去一倍的工作量。通电话时，我问他感受如何？他笑着说特别开心，感觉这个下午像变了个人一样，从没想象过自己可以这么高效地做事，特别有成就感。

我总结他以前的状态，是因为工作量太小，所以不着急，慢慢干反正来得及。这一慢，效率就低到没下限，毫无专注，导致根本没有规定时间，也就更谈不上在规定时间内完成规定动作。相反活儿多了，倒引发思考，带来改变。我记得上中学时，越是离家远的人越不会迟到，而越是像我这样住宿舍的，越是每天早自习都因为迟到而在教室外面罚站，和前面说的是一个道理。

早计划，晚总结

以下是被我奉为圣经般简单、有效的方法：每天早上我把这一天要做的事罗列下来，然后排序，凡事提前安排，很容易就把定好的事情都做完；我还会留出自由时间，随时有了新任务还可以插进来，像清单一样，做完一件事就打钩；到了晚上，我拿出清单检查，完成的就划钩，未完成的分析原因，重新安排，每天连续记录，查阅起来也方便。

一次，我在会议上批评了同事们，原因是我之前安排了做月度计划的时间表，半个多月了没人理会。我理解这其中的原因：做时间表这类工作似乎"不打粮食"，所以大家都在忙着自己手上的项目和具体业务。而我始终认为一定要把计划放在优先位置，列好事项、负责人、起止时间等内容，大家才能知道自己的工作内容和工作量，从而提高效率，创造更多价值。会上我指定了一个人来做，他说今天特别忙没有时间，问可不可以明天做，我果断拒绝，并要求他在会后 30 分钟内交给我。会后,他真的不到 30 分钟就做完了,而之前硬是拖了三个星期。我问他收获是什么,他说意识到所有工作一旦拖下来,就有可能一直拖下去,鼓起劲头一下做完,也就做完了。一分钟都不拖延,是解决问题的唯一办法,所以在规定时间内完成规定动作也是改变拖延症最好的方法。

任何学习和工作都不是一蹴而就的,更像是一条连续的长线。每天的计划和总结,会让人的思维和行动始终附着在这条线上,新的事情在不断发生,如果不及时整理就会把人的注意力吸引到其他方向,走着走着就偏离了轨道,不能在同一方向上深入下去。对于新人来说,由于从来没有完整经历过项目或企业的创建,因而对于事件的发展更加缺乏判断能力,会经常产生迷失感,而每天早晚各十分钟的计划和总结,就像悬崖上扔下来的绳子,只要你不松手,顺着往上爬,早晚到得了目的地。

"寂 静 之 法"

我常对喜欢以"忙"为借口而拖延的人提出毫不留情的问题:你有国家领导人忙吗?你有商业大佬们忙吗?你有明星艺人们忙吗?你有工人、农民、快递员忙吗?我们到底干了个多大的事业,手上那点儿事儿就天天做不完?人一旦开始"瞎忙",就说明根本没有所谓的规定动作,更谈不上在规定时间内完成。

往往嘴上经常说自己"瞎忙"的人都是庸庸碌碌过一生的,所以"忙"绝对不应该成为不按时完工的原因。真实的原因是缺乏对时间的管理能力，和对工作重点的把握能力。就像我们儿时常听的睡前故事《小猫钓鱼》里那只小猫，钓会儿鱼的工夫，来个事儿就把它的注意力勾走一会儿，精力被大量耗费，最终一事无成。我们每个人有限而宝贵的精力，都应该是拿来跟"金子"打交道的。

  人的行动都是由思想指导的，之所以行动上忙乱无序，是因为思维混乱；而思维混乱，经常是因为过量的信息和欲望交织在一起，使得神经处在紧张和兴奋的状态下，不能够放松和休息；进而导致思维在混乱的惯性之下一路向前，进入恶性循环，继而失去了从容的状态。最好的解决办法，我称其为"寂静之法"。每天起床后，最好给自己一段时间，安静下来，不做他想，闭目养神，就像很多人喜欢说的"放空"，我在后面也会专门讲到"冥想""站桩"这些伟大的古代智慧。开久了的电脑、电视一定要关机休息一下，重新启动之后，一切又都恢复常态。人类的大脑就像一个容器，只有在寂静的状态下，达到"虚"和"空"的状态，智慧之水才流得进来。

  每一个规定动作都是实现35岁"退休"这一目标的小小里程碑，只有不断按时达成才可能按时间在35岁"退休"。你若辜负了这些时间，时间也必将辜负于你。若等到白了头，还没过上自己喜欢的日子，那就是没有在"活期"里找到自我，而把自己贻误在了"死期"里。

第十二章
充分休息

缺　觉

2016年夏天我结束了在美国宾夕法尼亚州的演出，从费城飞到西海岸的加州，看望我如家人般的好兄弟，曾经一起创业的伙伴，美籍华人Jason。加州的阳光总是那么明媚，天总是那么蓝，我俩坐在街头的长椅上，喝着咖啡。老朋友很多年不见，大家的生活境遇都发生了巨大变化。他在我选择"退休"离开之后，和我们的一个投资人共同创立了一家科技公司。三年左右，他卖掉了股份，在加州买了两套房子，带着老婆孩子搬了回去，现在也是半"退休"状态。

如今很流行"复盘"这个词，就是回顾和反思原来做的事儿。当我们谈到过去创业的故事，我问他："你认为当时我们做失败的事情里，最主要的原因是什么？只可以说一个。"

"缺觉！我们睡得太少了。"他回答。

这是完全不在我脑子里的答案，太意外了。但稍想想，恰如其分。直到几年后的现在把它写下来，我越品越觉得太有道理了。电影《华尔街之狼》里的男主角是个年轻的投资人,他终日过着灯红酒绿、纸醉金迷的日子。他常年飞来飞去,开会熬夜,不睡觉,不休息,穿梭在各国的模特、空姐之间,沉醉于名利、酒精之中无法自拔。"华尔街之狼"基本上就是我 20 多岁处在投资人生涯时的生活写照。那时的我们,疯狂地燃烧着自己的身体,从来不会把休息当成一回事儿。

养兵千日

我记得创新工场的李开复先生以前也总是在微博上标榜自己如何勤奋,夜以继日,不休不眠,他鼓励年轻人要努力,玩儿命工作。但后来他得了重病,人生态度彻底颠覆,他也开始意识到这么忙,这么累,到底图什么?所以我跟 Jason 复盘所达成的共识,就是我们未来不管再做什么事,首先应该要保证休息,至少要把"一吃一睡"安排好,这是人活着的基本条件。只有让自己得到足够的休息,才能够把事情做好。

带着这种认识重新审视生活,发现很多做事不成的原因,不是活儿没干好,而是没吃好,睡好,休息好。每当我回到城市里,约人谈事,有些人一进门我就知道这事做不好,因为来者行色匆匆,睡眼惺忪,大大的黑眼圈清清楚楚地写着他昨晚干吗去了。估计他早上爬起来脸都没洗就来见我了,这种状态下思维怎么会跟得上?看他语无伦次,结结巴巴,就能感觉到这人根本没有能驾驭一项事业的气场和能量。

而越是一切顺利的人,越是气色饱满,让人面对面都感受得到他的精气神儿。不管我们从事脑力劳动还是体力劳动，都需要通过良好的休息来养精蓄锐，让自己时刻充满旺盛的精力，来支撑高强度的工作和大格局的事业。

我每年都会抽出一段时间专门做身体训练。我的教练是著名的国家队队医，像刘国梁、张继科这些国手都在他手下治病。他总告诫我："睡眠、休息质量直接影响你的训练质量。你每天训练完，回家第一件事就是睡觉，不好好睡觉就不会长肌肉，第二天就不可能有好的精力继续训练。如果连续一周的训练质量不高，那训练的意义何在？"因此越是高手，越注意保养精力，所谓养兵千日，用兵一时。

百病起于过用

中国医学蕴含了简单而深刻的哲理。"百病起于过用"，意思是说所有的疾病都来源于过度使用身体的某些机能。比如包括我自己在内的现代人都有过度看各种屏幕的通病。《黄帝内经》里提到"五劳七伤"，其中的"久视伤血"就是说用眼过度不仅会导致视力下降，同时由于视力与肝气疏泄和肝血滋养有直接关系，还会伤及肝脏。而"肝主血"，肝脏功能的下降会影响对血液的调节作用，从而降低血液质量，这也是中国人为什么一贯讲究"闭目养神"。

我的外公，戎马半生，中华人民共和国成立后修路架桥，参与了很多高原、高山上公路的设计与施工。他曾常年在极其恶劣的自然环境中艰苦工作，他驾鹤西去时享年103岁，让绝大多数人望尘莫及。他退休后的日常生活，除了每天读历史、钻研地图、听新闻、散散步之外，每天大量的时间就像一尊佛似的闭目静坐。长期静养，使他不仅有儒雅的风度，凡事不急不躁，同时让他远离了那些毫无意义的俗事。外公的一切都是适度的，他不贪吃，不贪睡，饮酒却从不贪杯，只是到了年节一定要喝一小杯他最喜欢的"竹叶青"酒。

他还经常给我讲小学开学第一天老师讲的话，"站如松，坐如钟，卧如弓，行如风"，他说你能做到这些，健康、长寿就有了。我去看望他时，经常被他拉着手说"你来坐坐我的宝座"。其实他那"宝座"，就是个破旧的老沙发，硬邦邦的，还被他用纸壳垫高了座位，外观实在算不上雅致。现在人都喜欢堆成一团缩在柔软的沙发里，而看看传统的中式家具，最常见的就是硬木圈椅、太师椅、官帽椅。外公当然就长期坚持笔直地坐在硬质的"宝座"上，时不时起来在屋里踱步，一百岁的老人，坐卧立行依然带着军人风采。相反，站没站相，坐没坐相的人，由于长期处在这些错误姿势中，所以显得形容憔悴，体态疲惫，并且容易患病。所以把坐卧立行的姿势调整好，不仅能帮我们保养精神和健康，同时还可以提升气场和自信。

休 息 三 法

第一，战略。有些情况下，我们借用管理企业的思维来管理个人生活是个不错的选择。战略是企业发展最重要的部分，决定了企业的发展方向和不同事务的优先级。想彻底改变休息不足的生活状态，首先要把休息放在最重要的战略位置上，其他一律让路。而绝大部分在都市里打拼的人往往是反过来，把工作、事业、娱乐放在第一位；他们把时间安排得满满的，任何一件事儿都可以侵占他们休息、睡觉的时间；经常是忙完了所有事儿，到后半夜才想起该睡觉了。这样的生活状态，人就不可能得到充分的休息，也不可能有健康的体魄。

更合理的方法应该是如果我们确定了每晚10点要睡觉，早晨6点要起床，那么任何因素都不能影响这两件事，一切生活、工作的安排都应该以保证睡觉和起床的时间为前提。就像无论企业多么忙于业务的发展，每周例会的时间也要保证。其他的工作内容，除非极特殊情况，都应该安排在例会时间之外。我们把重点搞清楚，整个生活就理顺了。比如那些顶级的职业运动员，最在意的就是休息，休息不好，第二天肯定发挥不出状态，打不赢比赛。其实我们每个人都是自己人生赛场上的运动员，任何人休息不好都上不了场。

第二，作息时间。对于合理安排作息时间，我的窍门是：用睡觉、起床、吃饭的时间来锚定作息时间表；这几点设定好之后，再来安排运动的时间；最后再把其他的生活、工作内容填充进来。

有些重要因素应该注意：

比如睡觉前三个小时一定要完成进食。因为我们的消化系统需要三个小时左右来完成饭后消化工作，否则肠胃都在蠕动中，人不可能睡得好。

再如一定要给睡觉留出准备时间。很多人问"睡个觉还要准备吗？"正是如此！如果参加会议、考试、演讲、出席晚宴、活动，都要提前做足准备工作才发挥得好，那么睡觉自然也是一样的道理。我们可以一天开20个会，但一天只睡一两次觉；人不开会不会死，

第十二章　充分休息

但不睡觉会死,所以睡觉比上述所有的事情都更重要,更需要做好准备。而现在最常见的是刚刚还电话打得兴奋,畅谈着宏伟的事业和未来,放下电话已是深夜 12 点,三两分钟洗脸、刷牙,然后躺到床上就睡觉,这几乎是不可能睡得好的。

我会用就寝的时间来倒推,睡前有三件事要做:洗漱、阅读、冥想。比如晚上 10:00 睡觉,那 9:30~10:00 就要站桩或冥想,让自己内心平静下来;9:00~9:30 阅读,一些研究表明刚刚读完书就睡觉,很容易头脑兴奋睡不着,因此我把阅读放在前面;再之前我 8:30~9:00 洗漱,当然男人用的时间短一些,女孩子可能就要更早做准备了;按照之前说的睡前 3 小时应结束晚餐,那就是晚上 7:00,所以我每天看完日落就去吃东西,然后回来休息、放松、娱乐,之后做准备睡觉;第二天早上 6 点多自然醒,看日出,做瑜伽,或者去冲浪,开始新的一天。日出而作,日落而息,老祖宗的规矩一点儿错都没有。

第三,冥想。最近看到很多影响世界的大人物,比如写《原则》的雷·达里奥,还有写《我的经验和教训》的苏世民,都在书中讲到了他们每天坚持的冥想。冥想是非常好的休息方式,有大学的科研机构做过研究,有效的冥想能达到 7 倍于睡觉的休息效率。

随着冥想经验的增加,现在的我除了每天会安排整段的冥想时间,也经常在会议和会议之间,一件事儿与另一件事儿之间,闭上眼睛,把意念集中在眉心,缓慢地深呼吸,进入冥想状态。有时可能只是短短一分钟,或是几次深呼吸,但也能体会到精力的快速恢复。中医、武术都讲究冥想,中国功夫里传统的站桩就是站式的冥想,各门各派的武术家都把站桩作为最基本的每日功课。我的习惯就是在睡觉前先阅读，然后站桩，这样就能顺利地进入睡眠。

休息不好的一个重要原因就是思虑过重，在禅里叫作"妄念"。现代人都或多或少地有种"不忙点儿什么，就对不住自己；不干点儿什么就有损失"这样的感觉。尤其在大都市里，大家的精神都处于长期紧张、兴奋的状态，但恰恰很多内心、精神的力量来源于我之前提到过的"寂静"。在佛教的修行中，当人进入一种"寂静"，也就是"空"的状态，将会拥有最强的精神力量。这种空的状态也是佛家修炼的高级境界，就是没有生死痛苦的"涅槃"之境，而"涅槃"是寂静的。《西游记》里的孙悟空，从石头里蹦出来，成为美猴王，然后云游四海求取长生不老的办法，又到齐天大圣，最后修得斗战胜佛，一路上也都是在悟一个"空"字。

很多人认为冥想就要入定，一说"空"和"寂静"就是四大皆空，这只有大师才做得到，凡夫俗子根本不用去想，于是也就不去尝试。其实大可不必一下子走到极端，我倒不相信有太多人能够做到什么都不想，也不相信谁一上来就可以入定。我更喜欢另一个梵文的词汇"vipassana（内观）"，就是通过安静、专注地体察身体和心灵的感受，透过表象看到事物本质，获得高级智慧的练习方法。其实"空"和"寂静"都是我们追求的一种状态，冥想和站桩的过程，就是从浮躁走向寂静的过程，这个过程本身就是意义所在。对于所有的学习和训练，我更喜欢少想而多做，避免过度考虑所谓的难易、挑战、意义，而专注于训练本身。一切进步都来源于不停地练习，不断尝试把头脑放空，重新认识自我，就可以趋向于"空"和"寂静"。在都市里生活久了，人人都想去海边放空几天，这种大家经常说的"放空"就是在寻找内心安宁的状态。

南怀瑾先生讲过一个比喻,我特别喜欢。大概意思是,我们要把自己的思想当成一个平静、深邃的大湖。在冥想时,我们就把那些来来回回、进进出出的想法和妄念当成天上落下来的雨水。因为湖水深邃,所以不管多大的雨,都只能影响到湖水表层,即便在表面荡起波浪,湖底却依然能够保持平静。静静地观察这些念头不断在脑海里闪烁,我们都不必理会,也不需要施加任何影响,就让它随意地来,随意地去,这就是冥想的过程。这也很像之前我提到的,建立个分身来审视自己。

没有谁能一上来就什么都不想,入了"灭尽定",既然追求的是安静、休息,那就平心静气地一点点练习。我们可以从几分钟开始,慢慢练习到十几分钟,半小时,一小时,甚至达到更长时间。练习最讲究循序渐进,我们都没必要给自己压力。认识自我,认识世界,是一辈子的事儿,境界的提升需要长年累月大量的习练,坚持下去就是了。我外公闭目养神坐了一辈子,可当我问他打坐时都在想什么时,100多岁的老太爷竟然说:"我不行,脑子里面乱七八糟的想法太多,坐不住。"我有点恍然大悟的感觉——这种习练没有止境,他老人家坐了一辈子还觉得自己坐不住,更不用说心浮气躁的年轻晚辈了。每个人都只需要做到今天比昨天有所进步,就已经成功了。所以切忌一进门就想成为大师,往往带着这样想法的人,都是三分钟热度,试了几天没得到结果,就会轻易放弃。

之前提到过我的英国好兄弟,亿万富豪David,他是和尚出身,从庙里走出来的创业者,开始创业不到两年就赚到了人生第一个100

万美金。接受采访时他说能这么快赚到钱的原因，就归功于常年的冥想使他拥有强大的精神力和非常清晰的头脑。通过冥想能够充分地休息，保持旺盛的精力；同时冥想给他带来对宇宙、人生的规律更深层次地理解和把握，这让他做事有章法，不仅很少犯错，而且经常有时间用来反省。

2020年4月，我们哥儿俩挑战过连续8小时冥想。他自己做和尚的时候，有时一天冥想18小时，尽管是非常极限的自我挑战，但当他进入到了那个层次，其实都是在休息，积累日月精华。我冥想了几年，有些体会，现在发现只要冥想和站桩少了，飘忽不定的想法就开始泛滥，专注力就会下降，做事就容易犯错，于是我就会意识到又该练习了。

人要神圣地对待休息。

希望每一个人，都能够享受吃饭、睡觉、上厕所那点儿时间。因为当真正"35岁退休"之后，你会发现人生最重要的还是这些事儿。请尽量把手机放下，把混乱的思维放下，专心给自己享受食物、睡眠，甚至排泄的时间。那些你以为的争分夺秒，都是在以争分夺秒的方式让自己错过生活中最好的体验。只有好好休息，才能更好地工作、退休，享受生活。

第十三章
找对教练

顶级的教练，可以给人带来顶级的视野，因而他们决定了35岁"退休"的起点。一个人的起点越高，将来就可能走到越高的层次。

顶级教练最厉害的是可以快速将你领进门，让你产生兴趣，而兴趣是学习的最大动力。

顶级教练能够提供顶级的知识、经验和方法，让人少走很多弯路。"35岁退休"就是用最短的时间干完别人一辈子才能干完的事儿，时间是"35岁退休"的载体，也是最重要的因素之一。所以什么样的方法最能节约时间，那么这种方法就是最有价值的。

"0 到 100" 之路

判断教练的层次，要看教练是否完整、清晰地掌握从 0 到 100 的路径——就是从零起点，直到成为高手的整个过程和其中所有的环节。如果教练本人全程亲身经历过，或者曾指导过别人完整地经历过这个路径，那么这个教练就具备顶级素质。也只有这种水平的教练，才能对学生"正处于哪个阶段""会出现什么问题""出现的问题应该如何应对"等问题时刻拥有清晰的判断和解决方案，并能不断随之做出相应的教学调整。

"教"和"做"

很多顶级的足球、篮球教练，他们自己的球技未必出众，但精于教学。比如世界足坛最佳教练之一，生于葡萄牙的穆里尼奥，就曾率领多支不同国家的球队（波尔图、切尔西、国际米兰、皇家马德里、曼联）先后赢得8次联赛冠军，2次欧洲冠军联赛冠军，2次欧洲联盟杯冠军以及8次国内杯赛冠军。2010年他率领国际米兰夺得三冠王后，在国际足联金球奖评选中获得了2010年度最佳主帅，但他自己从未踢过职业足球。

2008年带领NBA凯尔特人队夺得总冠军的汤姆·锡伯杜也没有职业球员生涯记录，人们开玩笑说他大概是全联盟里球技最差的教练之一。

而曾率领美国游泳队先后夺得16枚奥运会游泳项目金牌，74次打破奥运会纪录，62次打破世界纪录，创造过80次美国全国纪录，培养出大名鼎鼎的"飞鱼"施皮茨的功勋教练谢曼·查伏尔，在一次夺冠后，被庆祝胜利的队员扔进水里时才发现他居然不会游泳。

"教别人"和"自己做"是完全不同的两门学问，所以在寻找和选择教练时第一要看这个教练是否掌握"0到100"的路径，第二要看他培养出怎样的学生。

在我大学学习古典吉他时,陈志先生是中国最受尊重的古典吉他教授,几乎不会弹吉他的他,却建立了中央音乐学院的吉他专业,培养出了诸如杨雪霏等优秀的青年吉他演奏家,他的很多学生都远赴英国皇家音乐学院等世界级音乐院校继续深造。

"一张网"和"三个人"

寻找顶级教练,自然需要一番调研功课。我的秘诀是"看一张网,问三个人"。"一张网"当然是互联网,现在只要用心,网络上几乎什么信息都可以查到。但不排除有些高手或者专注在自己的领域里,或者选择淡出主流视野的避世生活,因此他们未见得有社会知名度,所以还要至少找"三个人"打听,综合他们的意见。这"三个人"一定要在这个领域比你段位高的人群中寻找,比如想学吉他,要么找乐迷,要么找乐手,要么找本身就是教吉他或者其他音乐领域的老师。把你的目标、偏好讲清楚,让他们先帮忙描绘出你目标教练画像,有了画像才好设定路径。

我当年就先问了我哥,他是资深摇滚乐迷,说起摇滚乐的历史如数家珍。他给我的建议是将来想玩儿电吉他,最好先学古典吉他。

于是我又去找了隔壁班玩儿乐队、弹电吉他的同学。我看着他三脚猫的手艺,再看了看那些摇滚乐高手,也印证了我哥的话——古典吉他的学习会给未来学电吉他提供坚实的基础。

最后一个人,我选择了在当时国内最权威的吉他信息网站发问,从所有热心答案里选出了大家共同推荐的老师前三名,并一一跟几位老师联系。最后我按照电话沟通的直觉和上课地点的合适程度，去拜访了我后来的恩师胡爱华先生。我们一见如故，我非常欣赏他的个性和教学理念，于是我整个大学期间跟随他潜心学习了四年，直到我 21 岁开始创业。

"三个人"提供了三种不同视角，让人可以有所比较；网络上的信息可以做印证，综合起来则相对科学一些。

有一点需要提醒各位，请尽量避免路边的培训班。我并不反对大家进去看，了解些基本情况，但特别高水平的教练，会在路边店传授本事吗？这就是很多人买了琴就直接在琴行学琴，而琴行很少能教出高手的原因。

拜师须心诚

想找顶级教练，要有一颗虔诚的心。带着怎样的心，就会遇到怎样的人来引领你。心诚则灵，为了寻访名师踏上千里或者万里迢迢的旅途，都是最基本的。我第一次独自出门拜师学琴是 10 岁那年，一个人从北京飞到珠海寻访柳琴界的泰斗。我住在表哥家一个多月，每天独自坐公交车穿过整个城市去老师家上课，从那时学着自己照顾自己。我愿意付出这样的努力，是因为无论是我自己还是我老爸老妈都非常珍惜能够跟大师学习的机会。

世界上很多著名的寺庙、教堂都建在道路险峻的高山之巅。著名的寻宝电影《印第安纳琼斯》第三集里，安放圣杯的修道院就坐落在约旦古城佩特拉深处的山顶，我曾顶着烈日徒步一天才在太阳落山后返回入口,回程还骑着毛驴在陡峭的山脊上走了几个小时;为了参访基督升天的教堂,我曾穿过耶路撒冷旧城的大街小巷,一路步行到橄榄山顶;而世界上最高的寺庙,是喜马拉雅山脚下的绒布寺,海拔5000多米,我当年的整个朝圣之路都伴随着稀薄的空气和强烈的高原反应。

只有艰难的路才试得出金子般的心。

跋涉千万里去寻访一个人,追随他的知识、精神,这种行为本身就会给求学经历带来非常虔诚的心态,而拜师的过程也会变得珍贵而难忘。这会带来对老师,对知识,对自己,对所有拜师之路上的支持者格外的感激和尊重。《西游记》里说孙悟空当年放着美猴王不做,周游世界求学长生不老的本事。他四海云游了10余年,最后才到了西牛贺洲的灵台方寸山,见到了恩师菩提老祖,并学到了腾云驾雾、七十二变的绝世本领;更不用说他历经五行山下五百年的等待,才见到唐僧,并一路去西天取得真经,晋升斗战胜佛的过程。求学之路的考验会让人更加珍惜求学的机会,对学习也就更加用心、热情,有更深层次的领悟。

三年挑水,三年扫地

拜师前要千里迢迢,而拜师后还要继续沉下心来做好求学准备。我很喜欢武侠故事,无论是金庸先生写的,还是单田芳先生说的。那些传奇英雄们有个共同经历:上山学功夫,前面几年师父只让他们干挑水、扫地一类的杂活儿。很多人不明白,以为是师父有所保留故意不传授真功夫。相反，这才是顶级办法，学任何本领都没有捷径可言，磨炼心性，打牢基础才能日后高飞。上山下山，挑着盛满水的木桶，才能练出基本的脚力、体力，铸造强健体魄和一步一个脚印的心态；而天天扫地，才能使人低头、虚心，通过不断发现小问题，从而把细节工作做好，磨的是潜心静气，细致专注，韧性和意志。

越是高级的智慧、高深的知识和高超的技艺，越需要求学之人有足够的底蕴去接受和领悟。越顶级的教练越会通过观察、考验、锤炼，在最合适的时机传授机宜。反之，如果学生还不足以承受这些本领，这种"挑水、扫地"的准备过程就会继续。高手成长之路的精髓，就在于重复做最简单的事情，并日日精进。

我的冲浪之旅

我刚"退休"时在海南冲浪大概一年左右时间，冲浪越多，越困惑于为什么我身边的浪人，包括我自己，和我在视频里看到的冲浪选手的表现完全不一样。视频里那些职业选手、世界冠军在浪上闪转腾挪的炫目动作，身边没有任何人能做出来。国内冲浪发展得晚，整体水平很落后，加上海浪的条件也和那些冲浪胜地不可同日而语，所以国人的冲浪水平跟世界平均水平差之千里。于是，我就开始琢磨继续留在海南冲浪可能不是最好的选择，就像如果要学民乐，不能跑到英国、法国去学，肯定要来中国学一样，于是我决定无论如何都要走出去看看。

我第一站选择了夏威夷，那里是冲浪的发源地，夏威夷人、波利尼西亚人有 1000 多年的冲浪历史。冬天夏威夷的欧瓦胡岛北岸，吸引着全球的冲浪高手、爱好者和媒体。每年的 11 月到次年 3 月是这里的巨浪期，浪高可以达到二三十米，无比壮观，我自然是选择浪最大、最好的季节踏上那位于世界中心的神奇海岛。第一次见到欧瓦胡岛北岸冬天的巨浪，我仅仅是站在岸边就已经震惊了，因为我在海南时从没见过如此排山倒海，波澜壮阔的浪，带着有如世界末日一般的力量席卷着海滩，距离几十米远我的心跳都会快到有种要窒息的感觉。

通过朋友介绍，我找到一位夏威夷当地的冲浪教练，于是就住在他家训练。可他并不教我太多，每天只是坐在海滩上看我自己冲浪。可在那样的巨浪里，我根本谈不上冲浪，每天就是被海浪卷着，从海滩的一头拍到另一头，被暗流拖回去，然后继续被海浪拍入海底，无限循环。我每天都像是在滚筒洗衣机里生活，受伤无数，境遇非常危险，因为我当时的体力、技巧距离驾驭这种水准的海浪还差之千里。

跟我一起住在教练家的，还有个和我同岁的巴西小伙子，叫 Halley Batista，他每天也会跟着教练一起到海边来看我。两周后的一天晚上，我们一起去超市买零食，路上他跟我说："我从没见过有人在根本不会冲浪的情况下，就跑到夏威夷冬天的巨浪里来每天被这么折磨。"我尴尬地笑了笑，他接着说："一开始我觉得你是个傻子，别人笑话你，我也跟着笑。但后来我开始觉得你很值得尊重，这种选择和毅力不是普通人能有的。"他这种看法着实让我意外和

第十三章　找对教练

感动，最后他说："这样吧，以后我每天带你去冲浪。"

就这样，我俩混到了一起。我划水很慢，他就会在海里推着我的冲浪板前进，不管多大浪，他都会在旁边保护我。一个来月，他带着我跑遍了欧瓦胡岛北岸几乎所有知名的浪点，我的冲浪水平自然也有了大幅提高。我也才知道，他得过多次巴西冲浪冠军，他的妹妹是巴西女子冲浪冠军，他的家族里人人都是冲浪高手。连红遍全球、在巴西与内马尔齐名的世界冲浪冠军 Gabriel Medina 在跟我们一起排队买午饭的时候，也会恭敬地跑过来跟 Halley 打招呼，感谢他曾经传授冲浪技艺。

有一天我冲浪回来，他正收拾行李准备去阿根廷比赛，突如其来的离别让我们兄弟俩的眼眶都湿润了。他说："你来巴西找我吧，住在我家，咱俩一起去冲浪。"我二话没说就答应了，说："你先走，我尽快办好签证就去你家，咱们巴西见！"就这样拥抱、告别。几周后，我从夏威夷辗转到洛杉矶，办好了去巴西的签证。由于途中被盗，临上飞机前，我兜儿里只剩下 40 美元和仅有的一张信用卡。我一路从洛杉矶飞到纽约，再飞到巴拿马城，之后又飞过壮丽的加勒比海上空，最后终于抵达巴西北部最重要的港口城市累西腓。他深夜开车来机场接我，又经历了一个多小时车程才到了他家所在的小村子，那是全巴西最棒的冲浪地点之一，也是巴西著名的度假天堂。很多巴西的职业冲浪选手、世界冠军都曾在那儿训练。我就这样在他家连吃带住，跟着他沿着巴西北部的海岸线，每天去寻找各式各样的好浪、大浪，他带着数不清的冲浪高手来陪我冲浪。我虽然 27 岁时还不会游泳，但一路走到现在，多亏这些好教练、好兄弟的指点和帮助，每每想起他们对我的好，内心都无比感激。

  如今我依然保持每年从零起步，学习几样新技能的生活安排。每每这个时候，我都会想起那个背着琴独自去陌生城市拜师学艺的10岁小男孩儿。岁月变了，当年瘦弱的少年如今有了结实的肩膀，怀着从未改变的诚心，背上了更多的宝贝，走到了更远的地方，寻访着更神奇的世外高人，学习更高超而少有人懂的技艺。

第十四章
更换朋友圈

你是什么样的人，就有什么样的朋友

我们交到的朋友就是我们内心的外在映射。不光是朋友圈，我们的整个生活都是内心的映射，你是什么样的人，就有什么样的朋友。我经常提醒自己慢下来，看看最近交了哪些朋友，审视下自己的圈子，也就能看到最近的自己是个怎样的人。

审视朋友，不要看名头，什么总、大佬、大咖、男神、女神，这些词在今天的社会里简直把人装饰得都不像人了。判断人最重要的标准，一是德，二是才。有人很在意朋友是不是有钱，我倒喜欢凭感觉，把钱放在后边会简单一点。通常德才兼备的人也不会太穷，所以诗里说"谈笑有鸿儒，往来无白丁"，有趣的人也许过着简单的日子，富裕阶层里也有不少人无聊度日。自己的德和才达到何种境界，结交的人也都会是相似层次的。

大家都请格外留心"交友不慎"，优秀的朋友结交得少，最多让人进步得慢一点儿，不至于对我们有什么伤害；但如果交了坏朋友,那真是"学好不容易,学坏一出溜儿"。我老爸年轻时在大学里做过一段后勤工作,其中一项工作是管理车队,因此要和很多司机打交道。司机们经常值夜班,随时待命,所以他那几年里经常跟车队同事混迹在一起,越来越多地抽烟、喝酒、打麻将,经常很晚,甚至整宿不回家。他后来饱受糖尿病、心梗、痛风等疾病的折磨,我想都跟他中年时交错了朋友,受到了不良生活方式的影响,破坏了健康的身体基础有很大关系。

2018年,我的好哥们儿很高兴地告诉我,经我介绍他开始给国内某大牌乐队当经纪人,可没过多久,就苦笑着跟我说这活儿不好干。乐队成员喝酒喝得厉害,每天演出结束又都很晚,所以他也跟着如此度日,大量抽烟、喝酒、吃夜宵、晚睡,身体都不好了。人人平等,我们不去品评这些朋友的好坏,但不同的人要有不同的距离去交往。无论是我们所结交的朋友或是所创造的生活,都在于自己的选择。

以 心 相 交

我很喜欢耶路撒冷,所以经常去以色列,犹太人挺讲恩义,同时也睚眦必报,你要是惹到他们,他们永远都会记仇。有部电影叫《天国王朝》,是以"十字军"东征时期的圣地耶路撒冷为背景,其中有一段情节是主人公在突发的决斗中取胜后,没有杀掉被他打败的敌人,反而宽容地将对方释放了,对方临走时充满感激和敬意地对他说:"Your quality known among enemies(你的品德将被敌人传颂）"。几年后，主人公在战斗中被俘虏，而敌方首领正是当年被他释放的人，对方不仅直接将主人公释放，还当众宣布这就是当年放他生路的恩人，使主人公在敌军营地中受到高贵的礼遇。

我曾在耶路撒冷有过各种奇遇，交过几个特别好的朋友。他们仍在沿用很古老的方式告诉我："你是我的朋友，整个耶路撒冷都会知道你。"他们用心来交朋友，如果能够走进他们的心，走进他们的家庭，他们就会在各种地方说你的好话。我后来几次去耶路撒冷，走在街上都有陌生人上来跟我打招呼，还送我礼物或带我去吃饭，全都拜我这几个犹太兄弟所赐，我简直都能想到他们满世界显摆交了个中国朋友时兴高采烈的样子。交朋友和拜师是一样的，一颗赤诚之心抵得过千言万语，只要你带着一颗真心，就会碰到同样带着真心的人。

无条件的信任

怎样判断无条件的信任，我有个极其简单的办法——但凡有条件的就不能叫"无条件信任"。"防人之心不可无"，这个没错，但是也不要走极端，认为每个来到你身边的人，都是来占便宜的。每个人都想获得别人的信任，但又不想先去信任对方，这是逻辑悖论。当然，我很理解多数人习惯性地不信任，来自于在社会上受到的伤害。但同样面对伤害，我选择继续相信，因为简单。在菜市场买鸡蛋都会偶尔买到臭的，但我们不会因为一次买错就不敢再买鸡蛋了。

交朋友也一样,遇人不淑没什么,因为别人的不好而改变自己宽广的心胸,肯定不算明智之举。

想要获得他人信任的最好办法就是先信任对方。既然人和人的关系是以心换心,那就你敬他一尺,他敬你一丈,天长日久,自然产生深厚的交情。信任会让人们心灵相通,也会让人作出积极改变,而人和人的关系就越走越近。

我相信每个人都会有几个平时不用经常联系,但遇事儿随时挺你的至交好友。而那些德高望重的人,则拥有更多这样的关系。小时候看古惑仔,有句台词特别给力:"出来混,重要的是够义,够胆,够人多。"所谓的"义",就是以信任为基础的。我喜欢鲍勃·马利(Bob Marley)的歌词"In high tide or in low tide, I'll be by your side(潮起或是潮落,我都在你身旁陪伴)",我想这是友情的高级境界。

别混圈子

我们处在一个商业化的社会,不管学习、工作,还是创业、交男女朋友,圈子都很重要。但圈子应该是是认真做事、培养兴趣爱好积累出来的,不是酒局、饭局混出来的。必须承认,我也曾是那纸醉金迷的虚幻场面里的常客,为了认识大哥,为了往上层混,没事儿就往各种酒局、饭局上跑。你看我现在离世俗社会有多远,就知道我曾经多么沉溺和迷失于其中。2019 年我偶然被拉进了一个意外的酒局,因为好久不见这场面,几番周折逃回家后,睡到半夜竟猛然惊醒,于是爬起来写了一篇名为《重返人间》的文章,在这里引用一小段。

午夜才从一场"朋友"的聚会里回来,凌晨四点,忽而一股悲伤袭来,将我从梦中惊醒。辗转难眠,于是开灯坐起来写写我内心的话。

十年的茅台、二十年的拉菲,海参、甲鱼、河豚和满屋子雪茄的味道,让我的身体由内而外地觉得难受。尽管我借着保持运动的理由几乎没有跟局上的各位领导、老爷子、专家、"大哥""三哥",还有"美女"们举杯,可我内心深处升起的悲伤与不适比身体更甚。我为自己被生拉硬拽到了这个局上白白耗去一个晚上的时间而悲伤;为拉我去的"大哥"五十来岁的年纪还要为了某些"商机"不停奔走于这类应酬场面而悲伤;为在局上身不由己、强颜欢笑的每一位悲伤。但我最为悲伤的,是在众人之中看到了那个曾经二十多岁,迷失在生意场上,每天混迹于此类局里的自己。

突然想到一句电影台词"见天地,见众生,见自己"。我承认这些局会让你认识一些"重要人士",但比起你所得到的,这些局更容易毁了你。多少年纪轻轻的灵魂放弃了安静的心和专注的神,放弃了习练技能,积累才华,进行思考的宝贵机会,在酒肉觥筹和虚情假意之间幻想着荣华富贵?而多年之后猛然间一抬头,镜子里的自己已是皱纹爬上脸,鬓角现斑白,青春一去不返,蹉跎中虚度了韶华。我曾在人生最美好的青春岁月里,背叛了青梅竹马的爱人,远离了真情实意的朋友,回避着相亲相爱的家人,投身于我曾以为正确的社交圈子。在此我把我曾犯过的错写下来，唯愿各位切勿重蹈覆辙，浪费仅有一次的生命。

电磁铁理论

"凤凰非梧桐不栖"，你要是梧桐，就不怕引不来凤凰。我曾经提出过一个"电磁铁理论"，每个人其实都面临两种选择："当铁"还是"当电磁铁"。"当铁"就总要往别人（磁铁或电磁铁）身上蹭；而如果你自己可以通上电转起来，产生电磁效应，就可以把那些钉子、螺母，以及其他所有金属都吸过来。我在创业、投资的后期开始意识到这件事：与其混圈子浪费宝贵精力，不如低下头把自己的业务做好，提升自己的价值，这样每天坐在办公室都会有源源不断的朋友找上门来。这几年我在岛上住更是这样，很多家人朋友担心我人走茶凉，以前的关系资源就这么丢了。但离开主流社会越久我越发现，只要人生不断上升到新高度，有思想、有技能、有事业，永远不缺朋友和资源。想交好朋友，首先要建立自己的安身立命之本，正所谓"富在深山有远亲"。我更多的时间是关了手机做自己的事儿，让自己做一块永远通着电、磁力强大的电磁铁。

还有几件小事儿，写下来给各位提个醒儿。

先做事，再交朋友

我们当然可以和工作、事业上认识的人交朋友，同事、客户都可以成为莫逆之交。但要搞清前提，既然是工作、事业上认识的人，就要先把事情做好，再交朋友。办事能力是第一位，友情的建立是为了更好地做事儿，而不是你在工作上可以打折扣的理由。事儿成了，朋友自然成；千万别反过来，否则事儿不成，朋友也做不好。

好朋友是否能共事

太多人说"千万别跟朋友共事"，我看未必。关键不在于你们是不是朋友，而在于你和朋友是否都有足够的专业度，是否思维在同一个层面上。专业度足够的人，无论他在哪个位置，无论跟谁合作，都会清晰地知道自己的职责；而不专业的人则相反，会分不清友情和工作，甚至利用友情在工作上胡来。

所以还是要先判断眼前这个人的本性，友情应该是，且只是事业的催化剂。我喜欢跟朋友做事，只要权责利讲清楚，就不会有问题。很多人"怕事情做不好而伤感情，最后连朋友都没得做，所以不能和朋友一起做事"，我持反对意见，原因是如果朋友之间都不能互相支撑、扶持，共同把事情做好，那说明你们的友情也就那么回事儿。我始终秉承："人无绝交，必无至交"，通过共事来看人，追求经得起考验的真正友情，比结交成百上千个靠不住的酒肉朋友有意义得多。

兴趣爱好才是圈子

只要我们不断把时间、精力、金钱投入到兴趣爱好中,就会进入很多有趣的圈子,比如车友会,登山会,跑步、健身的团体,唱歌跳舞的兴趣小组。现在什么组织都有,各种平台上的社群也特别多,交朋友本身并不难,难在找到兴致相投,能做良师益友的朋友。还是那句话,你是什么样的人,就会交到什么样的朋友。

第 三 篇
找到你的生活方式

第十五章
你喜欢的日子长什么样

脱口而出的才是喜欢

我观察到很多对自己生活现状不满意的人都有个共同点,就是尽管他们不喜欢现在的生活,但当你让他们描述一下他们所喜欢的日子时,这些人也几乎给不出任何清晰的答案。我始终认为,只有想到才有可能做到,所以先要搞清楚"你喜欢的日子长什么样"。

这绝对是要尽情挥洒想象力,叩问内心的话题。我经常会突然对朋友们问起这个问题,并且让他们不准想,一秒钟就要告诉我他们最想要的生活。那些不需要经过大脑就脱口而出的想法,才是你真心想要的。

喜欢是一种内心状态,所以这件事儿一定要诚实地面对内心。希望你还记得我们之前写过的"梦想A4纸",这会儿你可以把它拿出来,回顾一下上面一个又一个美好的愿望。我纸上的愿望包括:去南美洲看看,学跳伞,开飞机,去夏威夷冲浪,这些一一实现了,生活是我喜欢的样子;还有想跟鲍勃·迪伦(Bob Dylan)吃顿饭,听他聊聊音乐，想娶青梅竹马的女朋友为妻，这些还在路上，所以未来的日子将会是我更喜欢的样子。

我们都是历史，都是故事

每个人都在创作自己的人生故事，你是编剧、导演，也是主角；每个人也都是活在历史里的，我们说这话的时候，时间已经逝去，刚刚说过的话已经变成了历史。对于两千年后的人类来说，我们都是古人，是会被后人拿来跟老庄、屈原、苏格拉底、柏拉图相提并论的古人。正如我们读历史、看电影、赏画，是在历史和故事的外面观察别人的生活，我们也应该经常跳出自己的生活来看待自己。所以你可以试着把梦想 A4 纸上的愿望串联起来，看是否能够连成一个你喜欢的故事。如果是，那就是你喜欢的日子，你值得为它去努力；或者你觉得还不够完整，就多花点儿时间把它丰富起来；再或者你如果会画画就更棒了，把想象中的生活图景画下来，把自己变成画中人，看看你究竟想把自己送往何方。

视觉化你要的日子

"Visualization"，是视觉化、形象化的意思。这被大量修行者运用在冥想、内观的过程中，东方古老的佛教、道教和西方现代的计算机图形学也都在广泛应用。视觉化不是空想，更不是白日梦。这很像我们在会议上发言之前，通常都会在脑海里把要讲的内容彩排一遍；运动心理学家也发现，在头脑中做三个月以上的虚拟体能训练，能够将人的肌肉力量提高13.5%，而进行实际锻炼的人可以提高30%。《孙子兵法》里的经典名句："夫未战而庙算胜者，得算多也；未战而庙算不胜者，得算少也。多算胜，少算不胜，而况于无算乎！"这里的庙算，就是古人对视觉化这一方法的重要应用，意思就是打仗之前要在庙堂之上进行仔细的军事推演，把敌我双方的实力、战术等综合因素算清楚。如果推演赢了，实际打仗时的胜率就大；推演输了，胜率就小。推演做得多而详尽的一方就能战胜推演做得少而粗略的一方，更何况那些都不去做推演和计算的人呢。

这也是我讲到这一章的目的，我不想再听到任何人对我说"等我赚够了钱，也像你一样'退休'"。这些话毫无具象信息，所以空洞无力，十年转瞬即逝，当初说下这些空话的人还是离梦想遥遥无期。而我真正期待的是过几年，你们中的很多人可以实现"退休"的目标到天涯海角来找我玩儿。

因此如何能够把未来的自己定位在一个你喜欢的地方，以你所喜欢的方式生活，就需要你现在开始练习视觉化的能力，通常以下几个步骤可以帮助你。

第一，弄清你想要什么。请你试着问自己如果在没有任何约束条件的情况下，你希望在你的日子里看到什么。

第二，详细地描述你的想象。这和画画一样，第一步是勾勒轮廓，现在要来填充细节。

第三，开始视觉化的想象。有了前面的写意和工笔，你现在可以开始将这幅生活图景更加的具像化，包括声音、触觉、味道等等细节因素。比如你可以想象在炎热的天气里捧着椰子喝的口感；出海钓鱼时阳光和微风洒在身上的惬意；太阳落在海天相接，海平线尽头的壮美景象等。你不仅要加入这些微妙的感觉，还有与之相关的感情，仿佛你真的拥有这一切一般。

第四，每天不断完善。罗马不是一天建成的，你是在建立自己的帝国，即便是想象，也不会一蹴而就，每天往前一小步，细化、完善你的视觉图景。

第五，面对挑战。在想象中你一定会遇到挑战，因为即便是你自己的意识，也没有那么可控，事实上世界上最难控制的，就是自我的意识。总有一些意外和困难会发生，总有一些时候你会失去耐心，变得浮躁。不要怕，跟着它们走，只要坚持下去，就一定可以战胜它们。

我们都是活在当下，走向未来。正是那些儿时天真的幻想，造就出一个又一个伟大的灵魂，而这些卓越的个体又创造出人类无数的文化遗产。不是只有小孩子才需要被培养想象力和创造力的，其实作为成年人的我们更需要。

天堂里也有烦心事儿

主流社会里有一种普遍的生活状态：特别忙还赚钱不多。过去有句玩笑"赚着卖白菜的钱，操着卖白粉的心"，而处在这类生活状态下的人总是特别容易抱怨，感到生活的种种不如意。千万别！每个人的生活都是自己创造出来的，抱怨生活就是抱怨自己。这个宇宙和世界是完美的，有精确的运行轨迹和规律，一切偶然和必然

第十五章 你喜欢的日子长什么样

都在其中。这是"道",也是如来佛的手掌心,我们每个人都是孙悟空,我们就在这些规则里诞生和消亡,生生不息,一次次轮回。

有了上面的视觉化,接下来就要在已经拥有的生活里,去发现你喜欢的部分,这同样是一种伟大的能力。一个人是否拥有喜欢自己生活的能力,是否有把生活变成你喜欢的样子的能力,决定了他是否可以生活得幸福快乐。既能发现美,又能创造美,这样的人即便是在家宅着,也能够诗情画意,可以像出席一场盛大的宴会,像去探索世上最美的景色一样,时刻充满热情,拥抱生命。

我曾经被创业的忙碌、疲劳、压力,以及过程中所看到的人性阴暗面所累,每天都处在几乎窒息一般的感觉中。于是我想逃避,远离当时生活里的一切,拒绝跟所有过去的人和事儿继续联系。我一度认为过去的生活是烦恼之源,只有离开才能解脱。但"退休"之后,各种海岛上的生活,使我渐渐平静下来,开始活在当下,并反思过往,体验新的生活带给了我新的视角。

人人都羡慕我的日子,我简直成了公认的没有烦恼,甚至是不该有烦恼的人。我因此经常自嘲,比如岛上的日子也有不如意啊,有时天气热到无法忍受,被太阳晒一天就会出现满脸皱纹;一旦到了雨季,经常在路上走着走着就被泼了盆儿;这里的人生活很慢倒是惬意,可他们办什么事儿都慢到让人发狂;抱着板开开心心去冲浪,却有可能下一秒就撞在礁石上流一身血。这都是些小麻烦,当然也有大的不如意。我并不喜欢跟人谈论我生活中的种种问题,只想说任何日子都不是十全十美,并不是所谓的"有钱人"、明星们就过得比你好,大家都是凡夫俗子,这就是人生。法国人特喜欢把一句

"c'est la vie（这就是生活）"挂在嘴边，就是这个意思。这句话特别能体现法国人的那种豁达，对生命的接纳和包容，所以我们觉得法国人都特浪漫，特会享受。

所以最好的心态是用相同的眼光看待每个人，理解每个人都很平常，都有平常人的欢乐与痛苦。同样，不是某个地方让你有了烦恼，换一个地方烦恼就没有了，人在任何地方都会有烦恼。2015年我在巴西北部一个叫做Maracaipe的海滩冲浪，那地方美丽如画。即便对于来自以美丽著称的里约热内卢的人来说，那里都是避世的天堂。在绝美景色的激发下，我写了很多歌，其中有一首叫"I need a coffee（我需要一杯咖啡）"，有句歌词的意思是：每个人都有烦恼，即便他们生活在天堂里。

享 受 当 下

有了法国人说的"c'est la vie"，那"享受当下"就是非常重要的能力了。我走出来这些年，经常想起北京，想念中国，尤其当很多外国朋友问起我关于中国和北京的故事时，更容易勾起我的思乡之情。一天晚上一个美国好哥们儿跟我说他刚刚看了一部纪录片，内容是关于我上次给他讲的中国竹林，他陶醉而神往地描述着漫山遍野的竹海多么壮美，以及大熊猫、金丝猴这些他闻所未闻的神奇动物。最后他说："你们中国实在太漂亮了！"我有点儿尴尬地笑了，因为这些让他兴奋的美好，在我的意识里却是麻木的。我出生在那片神奇的土地，却认为一切都似乎是理所应当，很多时候我并没有意识到她那么美，更没有为她而感动。

一个老外看北京，会用"the greatest city in the world"来形容，意思是"世界上最伟大的城市"。这座城市有壮观的故宫、天坛、长城、颐和园；有山、有河；有深厚而多元的文化和数不尽的美食；有国际化的商业区，充满人文气息的胡同儿和大院儿；有各种博物馆、展览馆、剧院，一个人终其一生都未必能够看得完。所以我现在每次回到北京就三天两头往这些吸引着无数人慕名而来的地方跑，去体验自己家门口那些最美的事物。我开始学着用手头现有的材料，把日子雕琢成自己喜欢的样子。我曾是最早提出"逃离北上广"的那拨儿人，但现在我会说问题并不出在北上广，她们都是人类历史上伟大的城市，问题出在我们的内心，是我们不懂得享受当下，不懂享受已经拥有的，不懂那句"c'est la vie"。

"书"里和"路"上

想找寻自己喜欢的日子长什么样，就要永不停止地增长见识，人人都知道的两条必经之路是"读万卷书，行万里路"。

每天无论忙闲，千万不要错过阅读的快乐，哪怕是三五分钟，读上一页，也是开心的事儿。一天早上我看了一本神奇的书，记录了一个受人尊敬的墨西哥萨满教导学生的话。萨满信仰是一种巫觋宗教，可以简单理解成是信仰巫师和巫术的宗教。可千万别一听"巫"这个字，就跟封建迷信挂了钩，萨满这个词的原意是：智者、晓彻、探究等。萨满信仰中的萨满被认为是掌握了神秘知识，有能力进入

"人神"状态的人,有着预言、治疗,与属灵世界沟通,以及旅行到属灵世界的能力。他们是受神灵召唤为世人治愈肉体、精神和灵魂的巫师。这些人有很高的社会地位,很受人尊敬。巴厘岛也有大量的巫师,他们在印度教社会也备受尊崇。

这本书是著名的美国作家卡洛斯·卡斯塔尼达在追随一位叫作唐望的萨满学习时,将老师传授的智慧、语录,以及他跟老师的对话等记录下来编写而成。其中涉及很多关于生死的论述,每一段都很短,但特别深邃。这让我想起我最喜欢的书——记录黄帝和岐伯对话的《黄帝内经》,还有《论语》和《道德经》,可见无论来自哪里的人,都在用相似的方式传承文明。

书中有一段深深触动了我的灵魂,大意是:"当人失去生命的形态时,会给人带来回忆自我的自由。失去生命形态的过程,就像一个升华的漩涡,给人自由去回忆一生的过往,并转而使人更加自由。"读过之后我感觉自己像个小孩子,惊叹于有人居然可以把死亡理解得如此积极和美妙——失去生命,才有机会跳出来回顾你人生这场游戏的全貌;你一切的疑问、困难、痛苦都将得以解脱和释放,你也因此可以拥有更高层次的自由。我在那一瞬间感到我对外公和父亲的过世似乎更加释怀;我也想起自己多次跟死神擦肩的经历,顿时感觉那些大难不死都是使我走向自由的上天垂青;当然我也想到当面对人生最后一刻时,自己是否能有这样的境界。如果连死亡都可以被描绘和认知得如此从容和自由,那活着是多么简单而美好啊。

书籍给了我们无限的选择,你读什么书,就走上什么样的人生路。

第十五章 你喜欢的日子长什么样

而我们喜欢的日子就存在于每一秒，每一个细小的选择之间。每一秒我们都有机会，把日子变得更像我们喜欢的样子。

如今这个时代，各种交通、通信都发达，出门见世面变得触手可及。商务舱坐不起，可以坐经济舱，可以坐火车、汽车，骑摩托车、自行车，甚至搭车也可以环游世界。我非常要好的一个朋友，收拾好行装，开始在路边伸手搭车，从北京一路到柏林去看望女朋友，路程一万多公里；后来他又从北美洲最北端的阿拉斯加一路搭车，到了南美洲最南端的乌斯怀亚，又是三万来公里。他只用了很少的钱就走遍了世界，看到了不一样的人生。不仅如此，通过搭车旅行他还找到了新的事业方向，如今他早已成为了知名的旅行家，出书、拍纪录片、广告、代言，在国内有很高的影响力，他就是谷岳。当年我们一起受邀拍杂志，之后聚会上我就跟他说，从我们这儿开始就要去探索不一样的生活了。我们将会抛弃很多前人的价值观，去探索和发展属于自己的个性，追求自由，渴望人性。后来我们也曾一起搭车，从北京出发，身上不带一分钱，一路走到四川大凉山，还被旅游卫视拍成了纪录片《跟我去旅行》。

相反，那些一说旅行就要住高档酒店，大把撒钱的人，反而难以拥有真正融入当地生活的旅行体验。我有不少收入颇丰的朋友，因为工作忙，自由时间少，他们的旅行模式是从家打车到机场，上飞机飞到另一个机场，然后从机场打车到酒店，在酒店里大吃大喝三天，接着回到机场，飞回自己的城市，再从机场打车回家。这种肯定算不上真正的行万里路，只是换了个地方玩儿手机而已。

真正的旅行是要深入到当地人的生活和文化里，睁大眼睛，敞开胸怀，拥抱世界。所谓的"见天地，见人心，见自我。"这是个把外在的体验内化到心里的过程，一切天地和人心，所有这些周遭生活都是"自我"的外在映射，跟"自我"组合在一起，便是个完美统一的整体。"我即天地"，"天地即我"。好玩儿的经历都在路上，有趣的灵魂也在路上，让你人生转变的机会也都在路上，我但愿能在我的万里路上见到你们。

第十六章
从培养兴趣开始

生活应该是关于兴趣和热情的。我们并不是单单为了35岁"退休"这个目标才要培养兴趣。生活、学习、工作、创业、赚钱，人生的方方面面都应该从培养兴趣开始。

喜欢并擅长的事儿

一个人终其一生去做自己喜欢并擅长的事儿，一定是最简单，也最容易出成绩的。可如此简单的逻辑，真正能理解的人却不多，能过上这样生活的人就更少了。正如《道德经》第十八章所说，"大道废，有仁义"，世俗社会的运行往往跟大道至简的宇宙原则背道而驰。主流社会里绝大部分人都在做着自己既不喜欢也不擅长的事，还妄图通过在这样的事上不断努力和积累来实现各种人生愿望，这才是产生无处不在的社会集体性焦虑的根源。这也是为什么我们会看到，大部分人都很忙、很辛苦，可是却普遍精神状态差，幸福感低，认为自己活得不好。

可是我们也能看到有些更忙的人，尤其是那些成功的企业家、艺术家、政治家，他们不断活跃在自己的舞台上，总是精气神儿饱满，幸福感很强。这来源于一个人是否拥有强大的内心力量，是否在过着自己喜欢的日子。反之人会陷入永远都为了赚钱而做事的状态，靠不断出卖自己的时间和辛苦换取收入，这样的日子全靠"扛着"，永远都不会让人真正地开心。

"35岁退休"的实质，就是找到自己喜欢的生活，锻炼出用自己喜欢的方式，不断获取收入来支撑自己一路走下去的能力。很多朋友问我，甚至很多很成功的人问我："你有那么多兴趣，看着你的朋友圈都能感受到你的人生很快意，但你怎么会有这些兴趣呢？"乍一听我挺奇怪，拥有丰富的兴趣爱好不是很正常吗。但后来问的人多了，我才意识到整个社会的普遍情况是，很多人并没什么兴趣爱好，很多人都活在很无聊的状态下。这也是为什么消费主义大行其道的原因，无聊空洞的人生，使得绝大部分人转而追求物质，幻想通过"买买买"来满足内心的欲望。

花一秒钟问自己

我后来为朋友设计了一个行之有效的办法，用一秒钟问自己："你喜欢做什么？"而且我要求每个人都不准多想，直接回答。我从很多人没有兴趣的事实中总结出一个规律，他们都有着类似的"否定式思维"，或者叫"匮乏性思维"。任何有创设性的灵感一旦出现，在他们的脑海里存活不了一秒钟，就会被各种无解的、琐碎的现实问题所否定。比如有的人告诉我他特别想跳伞，我说那你就去跳啊，怎么这么多年都没去？他会说现在太胖没法跳，会说他工作太忙走不开，会说跳伞很贵但他一直没攒够钱，还会说他现在有女儿了，安全第一。客观原因有很多，而且听上去都很有道理，但结果只有一个——十年转瞬而逝，而他想做的事儿一件都没做成，所有的"心之所向"都成了遥遥无期。他们宁愿找出一千个理由不去做，也不愿意下一秒就站起来追求梦想。扼杀灵感的不是别人，正是他们自己。

这可能跟成长环境有关，曾经很多次当他们想去践行自己的创意时，都被家庭成员、老师或者身边各类其他人否定了，所以他们也习惯性地否定自己，继而否定别人。

我把这类人叫作"ideakiller"（创意杀手），这种"否定式"思维非常可怕。人类如果都是这样，不仅不必考虑进化，甚至都脱离不了茹毛饮血的年代，早就被其他生物灭门了。所以，无论是因为没钱、没时间、没老师，或是缺乏任何客观条件，我都要求朋友们不要多想，用一秒钟时间说出自己最想做但始终没做的事儿。

用心决定，用脑执行

大部分的人都习惯用脑子做决定，思前想后，周密地计划。而我们只需要看看汉字里的"思想"，两个字都是"心"字底，就能感受到老祖宗给我们留了多少智慧。人类一切跟情感、意识有关的动作，都从属"心字底"和"竖心旁"。所以中国人说"心想事成""从心所欲""心无挂碍"等等，都是在表达"心"才是我们思想的源泉。而"脑"是"月"字旁，"月"就是"肉"，它更像"肩膀""手臂""背""腿""脚"等肢体组织，只是行为工具而已。我刚刚所说的"一秒钟"问自己，就是让你在启动大脑前，先用"心"来思考，把决定做好，然后再用脑分析，计划如何将"心"向往之的事情一步步付诸实施。

这和企业管理一样，决策应该由决策者来做，智囊们只负责提供信息。上面想跳伞但始终跳不成的朋友，我就对他说不要被这些细节纠缠，先把大事定下来：我要去跳伞，这是我内心所向往的，我无论如何都要在三个月之内去尝试一下，然后再看自己是否真的喜欢，决定是否要继续下去。

你在兴趣爱好上投入了多少

投入时间、精力和金钱，是培养兴趣爱好的必经之路。汇总一下你的时间表和记账单，统计一下自己一年在学习新知识、培养新兴趣方面投入的比例，我认为不应该少于你总时间和总收入的15%。比如人一天除去吃饭、睡觉、上厕所还剩下大概8~10个小时，那么至少应该保证其中1~2个小时投入在兴趣爱好上；假设你的月收入1万元，那每个月在兴趣方面的投入就不该低于1500元。对生活相对满意的人，这个比例应该都达到了30%~50%。

我自己在兴趣爱好上的投入比例大概到了70%左右，几乎睁眼就在做自己喜欢的事儿，我的钱也基本都花在了我所热爱的事情上，所以"退休"生活是我人生中幸福感最强的时光。当然，既然说到要投入金钱，我提醒一句：凡事最重要的是用心，时间精力第二，最后才是金钱的投入。钱是一定要花的，但千万别一想到学什么东西，就得先花一大笔钱。我们身边报了英语培训或办了健身卡但几乎从来不去的大有人在。培养兴趣爱好，是要多体验、多见识。时间、精力、金钱的投入都是一步步循序渐进的。花再多的钱，不用心去学习体会，这些兴趣爱好也不会变成你和你生活的一部分。

很多成了年的朋友在童年没有机会培养兴趣，成长过程中由于学业、事业的压力，也没有建立起自己的兴趣爱好，所以有些难于选择。我的方法是，可以选3~5个不同领域的项目去体验，但请确保它们都是你一秒钟问自己之后的选择，而不是用头脑"思考"出来的。你先尝试一个月，不要理会"我好像不适合""太难了""感觉好像也没什么意思"这类想法。一个月之后，那些让你觉得需要坚持才能做下去的事，都可以停掉，因为真心喜欢的事，是不让你做都不行的，哪里还需要什么坚持呢？如果一个月后还是兴致盎然，甚至更加有动力，那就确定方向，明确目标，继续走下去。

不会才去学

很多人都因为自己不擅长某些方面，于是就不去接触和培养自己这方面的能力；同样，他们认为应该在自己擅长的领域投入时间和精力，这是应该被调整的思维方式。先说说我老妈吧。我2014年"退休"之后开始习练瑜伽，因为确实有所收获，所以中间几次推荐她练。

第十六章 从培养兴趣开始

可她每次都推脱说她的身体太硬,不适合练瑜伽。我就跟她解释,瑜伽就是为了让你通过习练而舒展筋骨,获得骨正筋柔的好体魄,所以如果你觉得自己身体太硬就更应该练了。而这种普遍存在的思维方式禁锢了很多人发展自己的兴趣爱好,改变它的最好方法就是在思想中去掉其根源——功利心。

我们是在"功利教育"系统下成长的,从小到大我们学任何东西都是为了得奖、上学、赚钱这些功利性很强的目的。由于很少有人为了自己喜欢而学,就造成了一种奇怪的社会局面:学习好的人比比皆是,但热爱学习的人少之又少。这也使我们想当然地认为,接触某一领域,学习一项技能如果拿不到名次,得不到奖,赚不到钱,那就没必要了。这样的逻辑就导致很多人认为自己擅长才学,因为更有机会达成功利性目标,反之亦然。可是一方面,天生就特别擅长某方面,并且能显露出来的人是少数;另一方面,是否擅长于某一领域,也往往需要一段时间,甚至长时间严格的培养和训练才能被发现,就像地下是否有矿藏,总要勘探、挖掘过后才知道。当然,我们也不能想当然地认为高个子就适合打篮球,个子矮就应该练举重。大量散发着人性光辉的例子恰恰告诉我们,那些并不具备极强先天优势的人通过正确的方法和勤奋的练习,一样能够达到最优秀的成果。

2017年,老妈见我的瑜伽越练越好,身体、心理都发生了积极的变化,66岁的她终于开始学习。短短两年过去,2019年夏天lululemon(露露乐蒙)在北京举办了千人瑜伽盛会,并邀请我去演出,老妈兴奋地跟我跑了两天。回家路上她心满意足地跟我说:"我看到了自己两年来的成长和进步,两天的活动里我一共上了12节课,有瑜伽、冥想、自由舞蹈、燃脂训练、综合体能训练等等。2018年跟你参加这个活动时,我才刚刚知道一些基本体式,那时候身体僵硬,动作缓慢,老师喊口令也反应不过来,只能跟着身边的人照猫画虎;但这次一比较,看到自己很多动作都可以按照老师的节奏,比较高质量地完成,体力和精神状态也有了明显变化,我很开心。"

听到这儿,我就拥抱她。68岁的妈妈像个小女孩儿一样,为自己接触了新鲜事物,交到了新朋友,有了新进步而兴奋。我那两天在活动上演出,经常是到了饭点儿我端着吃的,满场喊我妈吃饭,却找不到人。在场的朋友们都特开心地跟我一起笑,说别人家都是"你妈喊你回家吃饭",你们娘儿俩正相反,老妈玩儿疯了顾不上吃饭,儿子端着碗干着急。

所以正因为不擅长,正因为"弱、慢、笨",我们才不断学习和训练,挑战和改变自我。每个人都在走自己的路,自己能开心、进步就好,何必设限呢?一个人喜欢什么,跟他是否有先天优势没有直接关系。兴趣爱好的真正意义,是让人把时间、精力投入在能使自己快乐的事情上,让生活多彩,内心充盈;兴趣爱好所带来的最大价值,应该是享受兴趣爱好的这个过程,而至于名次、奖励、钱,都只是附加价值而已。对我来说,能每天与冲浪、弹琴相伴,已经是生活给我最大的奖励了。至于它们是否可以给我带来其他机会,都是额外奖励,随缘就好。

第十六章　从培养兴趣开始

别急着跟大师比

现在网络发达，很容易看到各种领域的大师，视频、图片、文字种种信息载体非常丰富。看大师是好事儿，但请不要刚刚看完就急着跟大师们比，比过之后觉得自己没戏，练不成大师的水平，于是干脆放弃。任何一项技能，即便我们从小就开始学，全家甚至全国人民都支持我们学，我们也未见得就能达到大师的水平；从另一个角度说，我们也不一定学什么都非要达到大师级别。所以没必要一上来就以大师为标准，急功近利反而阻碍发展。我们从大师身上借鉴的应该是态度，用心，风格。看完大师还是要回归自我，循序渐进，滴水穿石。

第十七章
把兴趣练成技能，再攒成才华

前面提及培养兴趣，不要功利化。这里要把话反过来讲，当你确定了某些你喜欢的兴趣爱好，就应该为此而努力，达到一定水平。学东西，办事儿都应该像模像样，并非为了得奖、出名、赚钱，而是要对得起自己的时间、精力。我老爸在世时常说："儿子，咱要么不做，要做就做好。"引起贫富差异最重要的原因就是受教育程度，现在这个时代，学习的路径、知识的来源太广泛了，全看自己是否给自己不断进步的机会。通过努力把兴趣学好，变成技能，而后随着岁月流逝，融入生活和精神，最终成为才华。用自然生长的热情，去创造心有所向的目标。

唯有才华与品格

十年寒窗总是要追求功名的，人在社会上打拼，多半是为了生存。虽说是为了生存，但目光总是长远一些好。我经常用开车来举例子，开车时是应该看路还是看方向盘，每个还能活着回答这个问题的人，都一定不是盯着方向盘开车。驾驶时视线肯定要落在远处行驶的方向，这几乎是人的本能，不用任何人来教。但到了生活上，似乎就不太一样了，很多人会被眼前的琐事所蒙蔽，忘记长远的价值和追求。

在北京老城的胡同里看到退休的老同志们下棋、打麻将、写书法、画画，是我记忆中最经典的退休状态。中国文人与士大夫阶层的生活，始终都有琴棋书画诗酒花相伴。年轻时所追求的那些名与利，终有一天会变成你毫不在意的东西，所以为什么不早点瞄准我们人生中真正在乎，真正应该追求的那些呢？

绝大部分人并不知道退了休该去干吗，这也是为什么主流人群并不能过上自己真正喜欢的日子。做事业要有方向，那么退休也要退得有方向，从进入社会伊始就该探索并明确你的方向。我们早日找到兴趣所在，把兴趣练成技能，再攒成才华，这样既可以引领事业的转变，为35岁"退休"而铺路，同时又构成了我们"退休"生活的主要内容。请记得：我所讲的"退休"，就是用自己喜欢的方式，过自己喜欢的人生，并不断获取可以满足生活所需的物质条件。

老妈在我很小的时候就和我说，送你去学琴是希望你陶冶情操，增加些艺术修养，也希望能给你兜儿里揣上个小本领，未来无论到了什么年代，什么样的社会环境，你都有一技之长，有个安身立命之本。我弹琴到大概10岁的样子，我妈就开始说，看你这孩子弹琴时的样子，未来你只要好好弹琴，应该什么都会有。我后来上初中、高中、大学，一路弹着琴，唱着歌，满世界演出，参与音乐剧，发专辑，被音乐带进了无数美丽的地方，也通过玩儿音乐结交了无数的好朋友。曾经儿时的兴趣，慢慢变成我的技能和才华，尽管我并不靠音乐为生，但音乐也的确一直是我安身立命的法宝。只有历经了时间的打磨，才看得到这些长久的积累如何慢慢在我身上体现出意义非凡的价值。我很喜欢李安导演的一句话："唯有才华与品格，最经得住时间的考验"。

个性舒展的时代

我们所处的时代大概是历史上都少有的好时候，前面一百多年整个国家都在战争及战后的贫穷中挣扎。那个时候的人们，别说个性了，只要能活着，吃上饭，不颠沛流离就已经非常幸运了。而现在，我们不仅在物质上先后达到了温饱和小康，时代还允许每个人个性的发挥。任何新鲜事物都有被创造和发展的可能性，大量新行业、新职业涌现出来。我们甚至可以因为自己的兴趣、才华而去创造职业。

我遇到很多有趣的朋友，并深受他们的启发。比如之前提到的旅行家谷岳，他就是从北京出发，搭车去看望远在柏林的女朋友，并且把一路经历拍摄下来，发给了旅游卫视。纪录片播出之后获得了很好的收视率和观众反馈，于是就有品牌赞助他的第二次旅行，也就有了他的第二部纪录片，第二本书《一路向南》，记录了他从北美洲最北端，到南美洲最南端一共 3 万多公里的行程。这整个过程都为他后来成为知名旅行家奠定了坚实的基础，这就是他为自己创造的新职业。

当年跟我一起冲浪的不少朋友，都已经成为中国国家冲浪队或者各个省队的教练、领队。连那时在我冲浪客栈里做义工的小伙子，现在都成了某省队的教练。这些人岁数小点儿的也都二三十岁了，他们至少是成年以后才接触的冲浪，而现在冲浪竟成了他们的职业。我们千万不要觉得学得晚就做不到，更不要不敢追求个性，未老先衰才可怕。在这个彰显自我的时代，一切皆有可能，越是有个性，越有专属于自己的机会和空间。很多摄影师，冲浪和自由潜水教练，还有网红、博主、设计师，都是辞去了固有的工作，半路出家开始追求心向往之的事情，经过一点一点积累和磨炼，最后把兴趣打磨成了能让自己安身立命的技能和才华。

找到来时的路

在我第一张音乐专辑的介绍里，我写了这么一段话：记不清是哪则童话故事里写过一个小女孩儿走进森林里，边走边撒豆子做记号，以便可以找到来时的路。在匆忙而充满诱惑的人生中，想发现、葆有并不断探索与生俱来的那个自我并非易事，我们都会或多或少地陷入对物质和虚名的迷失和彷徨中。而音乐，正是妈妈在我童年时塞进我口袋的豆子，让我时刻清楚地知道，我是个酷小孩儿，唱些酷的歌，想些酷的事儿，永远不长大。在我人生最迷茫，最不知所措的时候，又把琴拿起来，尤其是我后来创作的这些歌，记录了我人生中最美好的回忆。每每想到这些，就觉得人生特别有力量。也正是这些简单的歌儿，能够帮我轻松地找到来时的路，让我觉得做自己，尽管没么简单，但也不那么难。

因此我鼓励那些因为种种原因中断了兴趣爱好的朋友，无论如何都请把它们找回来。比如小时候弹过 10 年钢琴，之后中断 10 年，肯定会生疏，想捡起来一定不容易，但无论再难，也比小时候刚开始学那会儿要容易得多。刚开始吃一点苦头，稍一坚持就能恢复，没什么可怕的。如果能找回童年时的自己，我认为付出任何代价都值得。尽管时光不能倒流，但我们完全可以通过兴趣、技能、才华找回过去的自己。

"0 到 100"

这段大概是我人生中最宝贵的经验之一了，之前提到很多次"0 到 100"，如何"从零到成为高手"的完整路径，到这儿该揭秘了。我的水平只能讲 0 到 99，后面那 1% 大家靠机缘。我分阶段来说。

第一，初体验，两周到一个月。非常容易理解，第一次亲身经历，一切都是新鲜的，好奇且有挑战。但因为难度系数不高，所以通常我们很容易就能过关。这个阶段只需要避免一种心理：不要刚接触两天没找到感觉就轻易放弃，凡事需要时间，对自己宽容一点。

第二，兴奋期，一个月到三个月。这时候你对新兴趣的兴奋程度最强，我老爸在世时常说，"二把刀的时候最上瘾"。这段时间一切顺利，你每天都能感受到取得进步的成就感，很享受，跟热恋是一样的。我曾经通过 28 天严格训练自由潜水，达到了憋一口气能潜到 45 米深海的水平。

第三，初次量变期，比较漫长，差不多要一年，有些门类要三年。这个阶段你不会进步太快，同样也不会有太大的困难，努努力，咬咬牙都能过去。这时候放弃是最可惜的,但往往这个阶段会有人离场,因为一切都开始趋于平淡。但好处是你渐渐适应了有这件事在你生活里的日常状态,慢慢向前即可,反正还处于新手阶段,也没什么可心急的,坚持下去就可以入门。

第四,入门,三年左右。到了这里,你的水平已经明显有所不同了,你已然是个业内人士,相关的见识也有了不少。不仅有可以拿出来展示的小手艺,也有可以讲出来的门道,无论你学的是什么,可以算是门内人了。就是说,这项技艺或本领已经在你身上了。

第五,机遇期,3~7年。入了门就会开始出现一些所谓的机会,如果能抓住,水平会大涨,这门技艺也许会变成你的专长甚至职业。比如我从6岁学柳琴,到了8岁时,一次电视台邀请我师父去表演,他们想设计个有特色的表演场面,就问我师父能否带个学生,师徒联袂演出。我那时身材瘦小,像个小猴子一样可爱,琴学得也还说得过去,就被师父带去一起表演。录制结束,编导们认为8岁的小孩儿能弹到这个水平很少见,这门乐器也难得一见,就计划专门给我拍一个节目,于是有了第二个机会。既然要拍节目,师父肯定要给我开小灶,一连半个月吃住在师父家,爷儿俩一起长时间练琴,边练边学,累了就一起玩游戏机。这么苦练,加上八九岁的孩子那种灵性,必然进步神速。新节目拍完不久就赶上市里的器乐比赛,正好接在一起,继续上师父家吃住、练琴、打游戏,很快抱了奖杯回来。之后很快就收到市少儿民乐团的邀请,开始参与乐团排练。没想到之前我录的节目又被中央电视台选中去做直播节目,同时参加全国比赛。那时的小孩子都喜欢鞠萍姐姐,她主持直播节目时还

第十七章 把兴趣练成技能，再攒成才华

专门鼓励了我，那年我得了全国第二名，紧接着我就被师父送到了他的师父那儿进修。师父的师父是现代柳琴的泰斗级人物，老人家看到个 10 来岁的娃娃，自然很是喜欢，连续一个月每天都给我上课。这几件事儿共历时两年左右，因此我从 8 岁起每天练琴的时间就达到了 3 个小时左右；到了 10 岁，我已然成为市里的重点培养对象，在班级、学校、少年宫、电视台，哪里有点儿好事儿都会把我算上。爸妈、老师、学校领导也支持我因为各种演出、比赛不用去上学。我每天也格外自觉，放学回家就弹琴，根本不用大人督促，这是我人生中练出的第一项技能。

当然，刚刚那个阶段，如果没有抓住出现的机遇，就可能会有一轮淘汰，很多人会在这里停下来，比如比赛失利、意外受伤等等。我的建议是，无论任何事，无论如何，开始了就不要停，除非你是真的不喜欢它。

第六，精进期，7~10 年，这是第二个量变期。如果你抓住了之前的机会，踏上了新的台阶，那么这一阶段就要悉心打磨，锻炼真正的专注度和耐力。这个阶段既要靠勤奋和坚持，更要靠贵人。有高人指点就会突飞猛进，要咬紧牙关，锤炼自己，并且成为高手。如果没能遇到高人，则要自己坚持住，否则容易陷入瓶颈期过不去，就很容易在一种不上不下的状态中不明不白地停下来。

第七，瓶颈期，时间同上。在精进过程中几乎人人都会遇到瓶颈，这是困难、挑战重重的阶段，也是即将成功的关键阶段。无论你是否得遇贵人，都要经历这段路，犹如黎明前的黑暗。一切又像回到了最初三年的量变期一样，之前的机会不再让人有新鲜感，相反进

步却迟迟不来，更让人恼火的是经常会出现越练越退步的情况。

想顺利度过瓶颈期，首先要理清认知：遇到瓶颈是再正常不过的事儿，水平低的人根本碰不到瓶颈，这是只有到了中高水平才会出现的情况，人人到了这里都会有。因此我们不仅不该失去耐心，反而应该意识到我们其实离真正的精进和升华不远了，一切都只是时间问题。

其次，认知清楚后就要不乱想，不怀疑，闭上眼往前冲。这是一种类似铸剑时"淬火"的过程，扛住熬过去就能赢，唯一的难度就在于坚持。无论什么办法，什么贵人，只能让你有限地加速，但绝没可能帮你跳过去。

跑步时的极限期跟这有点儿相同的意味，比如1500米跑，一般人跑到800~1000米就开始出现疲劳的极限期，扛过去疲劳感就会消失，一路跑到终点，相反，扛不住就会半途而废。前面在讲意志力时，我所提到的冰水池冥想也一样，一旦过了3分钟，我们的身体就会适应冰冷的水温，至于后面再增加2分钟还是10分钟，区别并不大。当时我们的小摄影师看我们在冰水里挑战也跃跃欲试，他花了两个月，从跳下去几十秒就受不了刺骨寒冷跳出来，一直练到可以在冰水里坚持15分钟。他是个年仅21岁的印度小伙子，想在旅行中找些实习工作，也因为疫情滞留在巴厘岛回不了家，于是就跟着我们这群疯孩子一起体验各种人生挑战。

最后，我的制胜法宝——回炉重造。既然没人逃得过瓶颈期，我们不如慢下来享受这个过程，从头开始再学一遍，回顾总结之前所有的学习过程，仔细检查之前累起的一砖一瓦，发现并解决问题。

这样一来,即便没有高人指点,我们也可以温故而知新,而且促成突破的秘诀往往就藏在我们已知的事情里,只是一直被自己忽略而已。我们如果能把基础再次夯实,质变会很快到来。人一旦开悟,就不得了,所谓"伏久必高飞"。瓶颈期是历练精神的孤独旅程,是真正寻找自我和塑造人格的阶段,其目的就是考验人的心性、耐力和对这件事的热爱与执着,过去了就一马平川。

以我为代表的"80后"都很娇气、脆弱,"90后"、"00后"可能会加个"更"字。因为我们成长的环境是越来越被家人溺爱,被社会包容,"自我"越来越金贵,缺乏生活真正的锤炼。说到这里,大家都应该仔细反思一下自己为所热爱的事情究竟付出过什么?人生其实是道简单的题:一分耕耘,一分收获。

最后的"1"

前面所说的"0到99"过程中的七个阶段大概跨越了十年时间。我说了,我只能讲到"99",最后的"1"大家靠机缘。在突破瓶颈之后,就会达到一种得心应手、随心所欲的状态。这是开创个人风格的阶段,之前是"兴趣练人",而到了这里是"人练兴趣",意思就是我们开始具备重组和重塑这一领域的能力。我们反过来给这项技能,或这个领域提供新的价值。而这里的"1",全靠悟性,之前所发生的所有环节都将不断重现,但我们已经对整个过程了如指掌,所以就是持续地精进再精进了。

日本的空手道、巴西的柔术,都用不同的腰带颜色来区分水平等级。通常十年的认真训练,可以从白带练到黑带,也就是专业级。而从黑带到最高的红带,有个硬性的时间规定——30年。这30年里,黑色的腰带上需要放满七道红杠,才算到了红带。这就是技能演变成才华的过程,需要时间把一切融进你的血液。

如果能精进到这一步,这项技能将给生活带来足够的支撑,我们也将获得远远超过建立在存款和房产上的,巨大而真实的安全感。这正是李安导演所说的"最能经得住时间考验的才华和品格"。而"0到100"过程中所有的汗水、喜悦、泪水,种种回忆和感悟,则更是人生中最为宝贵和闪光的部分。

第十八章
不断探索未知

未老别先衰

尝试自己从没试过的领域，也是走向"35岁退休"的重要一步。很多人有"未知恐惧症"，简单说就是越活越胆小，一听到不熟悉、未知的事儿就开始莫名的担心、焦虑，没来由地认为有风险，并因此产生抗拒心理，导致自己始终活在"舒适区"里，最终丧失探索新事物、新领域的能力。而且这样的人往往会给自己找出特别"政治正确"的理由——比如"做人要谨慎""小心驶得万年船""深思熟虑""三思后行"等等。这种问题会随着年龄增长而加重，我看国内30岁以上有这种思维倾向的人很多，我的朋友圈里就有不少。

这是一种未老先衰的状态。当然我理解，大家在社会上经常吃亏、碰钉子，时间长了就会开始变得过于谨小慎微；加上长时间在自己熟悉的环境里生活，随着年龄增长，那种初生牛犊不怕虎的活力和对未知的好奇会大大降低，人慢慢就会对新的思维方式和新的知识技能产生天然的排斥和畏难情绪。

第十八章　不断探索未知

一次跟一个我参与投资的公司开董事会，我分享了刚刚跟客户谈出的新想法，这些想法我们推敲了一整个周末，觉得既有高度又有新意，肯定值得尝试。但公司的另一个合伙人对新想法毫无感觉，不断地跟我讲一定要小心，做什么事都要谨慎。我认同谨慎地做事，但不认同禁锢思维，用封闭的心态、能量去拒绝新事物。我会上没有和他多说，会下我给他打电话，请他一定问自己一个问题，是真觉得新的方向有问题，还是对未知的事儿会产生莫名的焦虑和恐惧。

好在我们交情很深，有信任基础，彼此可以坦诚相待，他仔细想了想觉得好像是后者。他习惯于用"谨慎""小心"这样的概念来蒙蔽自己，时间长了就会对所有新鲜事儿说不，不尝试总不会犯错，于是不犯错成了他所引以为傲的成绩。用这样的方式经营公司或是经营人生都是缺乏激情的。而三十多岁的人，刚刚成立几年的公司，不应该老态龙钟。积极创新，提前分析出风险所在并善于将其控制在最小范围，才应该是我们所追求的。不断探索未知是抵抗衰老，保持年轻心态的利器，人活着，就要不断尝试。

别被"已知"限制了人生

我们已知的事情太少了。而普遍被认为正常的思维方式，就是用已知的事情来想象和制定未来的计划。但客观上我们的已知世界一定远远小于未知的，即便是全人类所掌握的信息总和，也小于我们未知的领域。如果说我们已知的世界是一个圆，那圆外面都是未知的。因此用已知的信息去判断未来，本身就是对未来的极大限制。

当然人也很难完全不依据已知的信息和固有的思维方式去思考，关键在于如何不被已知信息所制约。"信息"和"思维方式"是两种客观存在，并不专属于某一个人。我把它们理解为"工具"，辅助我们走向未来的工具，好用的多加保养，不适用的立刻更换。正如《荀子》里所说，"君子生非异也，善假于物也"，用好工具才是正道。

想不被"已知"限制，一是避免"想当然"。如果你对一切未知领域都不假思索地套用已知的方式，就很容易错过新的可能性。而借鉴的同时存疑并加以印证，利用原有思维方式的同时为新思路留有余地，也就是利用已有工具的同时学会使用新工具，就能做到两者得兼。二是"拿得起，放得下"，时刻准备推翻、摒弃"已知"。现代社会发展之快，极端情况之多，各行各业的种种纪录不断被刷新，都是人类历史上从未出现过的。很多事情昨天还是对的，今天就错了。阻碍我们在这种变幻莫测的环境中适者生存的，就是老旧思维。所以我们要打开心和头脑，时刻记得：它们是工具，不好用就换，而且既然早晚都要换，那么赶早不赶晚，"干脆、彻底、不犹豫。"在无限未知的世界里，每一秒都可能是转折点，这也是活在我们这个时代的精彩所在。

我经常举这样的例子：同样都坐在一个班级里，上学的时候每个人看起来都没太大区别。但十年、二十年之后，个体差别一定是巨大的，有的人可能贫困潦倒，也有人拥有精彩的人生和出人意料的成就。造成这种情况的原因是在某一个人生节点上，甚至是在每一个人生节点上，不同的人都进行了不同的选择，往往那些发展得最好的，都是一步步选择了探索未知领域，并摸爬滚打一路闯荡出来的。我看到周围太多三十来岁的朋友，他们早就被时代甩在后面还浑然不知，我几乎现在就可以看到他们六十岁时完全不能理解这个世界并且完全不能被这个世界所理解时的样子。英语里有句话说："You make your own choices, and you create your own life." 意思是"你做主自己的选择，你创造自己的人生。"

同样，除了横向地比对不同人，也可以纵向地跟自己比较。我完全可以想象如果自己像以前那样，在灯红酒绿、纸醉金迷的都市里继续走五年，我肯定不会有健壮的身材、健康的心态，也不会有积极的人生理念，更不会有对自然生活的体验。人生是往上走还是往下走，就取决于在某一个节点上的不同选择，选对了自然开花结果，选错了就自毁前程。总之，习惯于探索未知，我们就能不断地把人生推向更加广阔和高远的世界。

删掉"困难"和"不可能"

探索未知，对很多人来说之所以觉得难，并不是被事情本身难住了，而是在于长时间不接触新事物，而产生难以接受新事物的障碍。于是才有了那么多"我不行""我不擅长""我不适合"。我的建议首先是要把"困难""不可能"之类的词都从头脑里删掉。

经常有人问我"你觉得我适不适合这个"，或者问"我特喜欢拍电影，你说我能行吗"，我就经常逗他们说："你不适合！""你不行！"我说的声音越大，他们反而越会觉得自己行，就对我说"我怎么不行？我觉得我可以！"于是，我就告诉他们，以后不要花时间去讨论这种没意义的话题，这世界上没有什么太难的事儿，不要过分地放大敌人的战斗力；我们过去所学会做的事儿也都未必那么容易，但也都会了，因此没必要妄自菲薄。喜欢就去做，做了再说，想那么多干吗？

比如学英语，大概是很多人的心病，大家都觉得英语不好学。按我们现在的教育，应该是从小学甚至是幼儿园就开始学英语了，小学六年，中学六年，大学四年，总计超过十六年的学习。可事实是，即便到了大学毕业，真正能够把英语应用自如的人也是凤毛麟角，绝大部分人不仅用不上，而且仍然认为英语太难了。

我常反问大家：智力水平最普通的英国人、美国人，是不是在出生后一年左右就能开始说话，到四五岁就能理解和表达很多语言？如果四五岁的孩子都能学会，你学了十五六年还张不开嘴、不能应用？这绝不能埋怨语言太难，甚至都不用从学习方法上找问题。相反这些人是在思维中认定了这件事儿很难，自己肯定学不会；于是，思维就对这件困难的事儿关上了门；然后头脑将开始寻找回避这件事儿的所有路径，于是相关的信息都进不来，自己产生不了任何进步，最终这件事儿就一直难下去了。

我曾经要求自己在所有项目上的团队都要有每周学习的习惯，哪怕每周只有一两个小时。我鼓励集体学习，大家轮流来当老师，轮流当学生。每个人都可以来教大家他最擅长的，也可以来分享他最不擅长的，自己教不了，还可以请外援。越是不擅长的，大家的学习动力越足。

第十八章　不断探索未知

一次我的一个团队在每周学习时学了基础会计学。在合伙人讲解完之后，他说："我也知道会计比较难，比较枯燥，但还是请大家坚持去学。"我马上打断了他，建议他不要在传授大家的过程中，灌输"难""枯燥"这种印象，这只会让大家觉得更难。反倒是应该多举例，多讲故事，培养大家的兴趣。我们只需要大家掌握财务和会计里最基础的概念，这里没有超过小学四、五年级的算术和应用题以外的知识，不存在任何难度。大家觉得难，只是因为涉及很多之前没接触过的专业名词，再加上大部分人平时不常看表格、数据，就有点儿眼花缭乱的感觉。

人要多去尝试自己从来不接触的领域，直面自己的短板，而不是一味地在相同领域积累。德、智、体、美、劳；身体、心灵、头脑、商业、艺术、运动、哲学、宗教等方方面面，我们都应该探索并学习。越是看起来难的，越值得去尝试。几次成功之后，"做难题，闯难关"就会变成你的家常便饭。

删掉头脑中的消极词汇，是去探索未知领域的重要一步，人要相信"相信"的力量。我小时候，老爸常说："任何事，只要有别人能做到，你就能做到，而且可以做得更好。"他说人作为万物之灵，这个世界上所有的事，没有学不会的。我们不需要桩桩件件都成为高手，只是以掌握和应用为标准的话，任何人都应该可以学会任何事。

探索永不停歇

我要求自己每年都学习、训练 3~4 项不同领域的新技能，而且其中至少要有一两项能达到教练级别的水平。七八年下来，相比同龄人，我的头脑始终处在随时准备拥抱未知的状态下。而我从事最多的极限运动更是让我要时刻对身边出现的一切疯狂场面做好准备。

我很喜欢武术，自从 2014 年开始练瑜伽，后来到了夏威夷、巴西练习柔术，又经常住在泰国学泰拳，回中国又练了拳击，中间还学了一点太极，并拜了日本空手道大师，相约去日本静冈他家里练功夫、泡温泉、吃日料、看富士山。我并不想成为武术大师，所以样样都是浅尝辄止地体验学习，但我对不同流派的武术哲学颇有兴趣。我很欣赏的运动大师 Ido Portal，这些年他知名度越来越高是因为他教出了"嘴炮"这个徒弟，也就是"UFC 终极格斗冠军赛"的轻量级世界冠军康纳·麦格雷戈，有着众多拥趸的格斗家。Ido 在运动上的造诣，源于他不断探索不同的武术门派。他 15 岁的时候，就成了"卡波耶拉"，也就是巴西战舞的高手。巴西战舞是一种融合了舞蹈和格斗的训练、战斗方式。巴西当年处在白人统治之下，他们不允许黑人用武器，任何刀枪、格斗术都被禁止。于是黑奴们把格斗融入舞蹈，统治者认为他们是在跳舞，就没有理会，而这项技艺也就在民间秘密地发展起来。Ido 成为巴西战舞高手之后云游四海，他学过柔术、拳击、柔道，以色列的马伽术，还曾万里迢迢来到中国，上过武当山，去过少林寺，甚至学华佗的五禽戏。他周游世界的过程中，慢慢地把所有这些对他来说全新的肢体艺术整合在一起，并

第十八章　不断探索未知

开创了自己独特的训练方式。他在全球开设了6家以他名字命名的训练馆，让"嘴炮"拥有了超强的运动能力，并成为世界冠军。同时，很多因为车祸或意外事故造成残疾、半身不遂，甚至是高位截瘫的人都在他的训练下恢复了令人惊叹的运动能力。

他在尝试不同领域的过程中，达到了融会贯通，甚至是一通百通，并创造出新的风格。上一个让我这样欣赏的人是李小龙，他创立截拳道也是这样的经历。他们最终的卓尔不群，都源于始终坚持对未知的探索和不断尝试。每一个平凡而普通的生命都是在不断探索未知的路上，慢慢开始散发出光芒。

第四篇

断舍离

第十九章
锻炼决策力

决策力也是练出来的

相信每个人对之前所讲的都有练习,练过自然会有长进。终于走到了最后的准备阶段,也是最令人激动的篇章,"断舍离,走向'退休'"。在开始前套用一个以前说过很多次的句式:决策力也是练出来的。

没有哪一个决策,是100%绝对正确的。所有决策都是依托现有的信息和过去的经验,以当时当下的状态作出相对明智的决定。因此好的决策者总是能在客观条件不足,缺乏可供参考经验的新领域,基于仅有的信息作出正确判断。而缺乏决策力则是缺乏主见的一个表现,这一方面来自于先天,一方面也因为后天训练不足。有人说我不是领导,不需要做太多决定,所以用不着练决策力。也许你在工作中不是说了算的那个,但我们谈的是人生,每个人都是自己生活的领导,每一秒我们都在为自己的人生作选择和决策,这是必须要练的能力。

连我这种主意"正"的家伙，这些年离开都市生活，老朋友重逢时我都常被人说你现在怎么变得没主意了，好像怎么着都行。我才突然意识到，冲浪生活和几年前投资人生涯几乎是两种极端的场景。对于投资人来说，作决定是日常功课，每天都有数不清的决策等着我，自然人就很有主见。可几年下来，旅行、冲浪、玩音乐，都是这样可以，那样也不赖，横竖都能过得不错。因为没有太多需要决策的生活场景，于是随遇而安成了我生活的风格。不经意间，我的决策能力下降了很多，甚至开始丧失了决策意识。所以决策力和我们之前所提到的自信、意志力一样，不练都会退化。任何人都要通过不断尝试决策，持续在对与错之间总结经验，并发现规律，才能变得更加有主见。

三思后行，到三就行

训练决策力，我经常说"定了再想"。做事过于谨慎的人，喜欢翻来覆去地想，始终做不了决策。我就会建议，思虑不宜过重，很多小事情决定了再琢磨该怎么办都来得及。哪怕一些大事儿，先迈出一步再说，也未见得出大问题。中国老百姓有句土话，"活人还能让尿憋死？"，真是话糙理不糙。当你经历了更多人生高低起伏之后，会发现其实生活里绝大部分事情都是"车到山前必有路"的。日子并不是非此即彼，往往是怎么选都不太差。但如果一个人总是瞻前顾后下不了决心，就永远没法往前，更不会知道下一步将发生什么，需要怎样走等等。

第十九章 锻炼决策力

人人都知道"三思而后行"这句话,"三"在中文里经常指虚数。但在这里我倒愿意把"三"理解成实数,"三"就是三,不是五、十,更不是一百、一千。我对"三思而后行"的理解就是对任何事仔细思考三遍足矣,接下来要么是,要么否,总之到"三"就该付出行动,做决策定下来。而我看到的更多情况是"百思而不行",左思右想,患得患失使人都变得焦虑了,把大好时光和精力都用来犹豫,最终蹉跎岁月,一事无成。

重大决策只要一秒

我总是提到一秒钟,因为我认为人的直觉是最高级的。大事儿想得过多,就很难下决心去做。因为大事儿自然包含方方面面数不清的细节,有的我们不熟悉,有的不可控,更多的我们甚至都无法预见。因此伟大的决策就是需要冲动,一咬牙一闭眼,定了也就定了,我说的可不是赌徒心态,前面是可以有三次精细思虑的。比如结婚就是这样,想多了就很难走向婚姻殿堂,你总会看到对方有这样那样的问题,和你如何如何不合适,想着想着热乎劲儿就没了。我认为做决策必然需要冲动,准备工作做充分,思想上做好准备,把最后一秒留给直觉。而且随着经验越来越多,往往当一切就绪时,直觉会给我一种"超验"式的体会,就是超出理性和逻辑,告诉我这件事儿是不是要去做,通俗点说就是"有没有感觉"。回顾我的过往经历,但凡是"感觉来了"作出的决定,都在多年以后让我津津乐道。

我27岁决定"退休"就是一秒钟完成的决策。那是2013年10月6日，十一假期我跑回海南冲浪。我永远都记得那天早上，天蓝云白，海风温柔，海浪清澈，一片碧海蓝天。我们形容好浪，就是像玻璃、像水晶一样，而那天的浪正是晶莹剔透。海里只有我一个人，我抓了一道堪称完美的好浪，一路冲到岸边，整个人都兴奋起来，心满意足地抱着板往岸上走，准备回家。我下意识地回头看了看身后的蔚蓝大海，就在我很自然地转头看海又转回头来的一瞬间，一个声音突然出现在我脑海里：这不就是我一直追求的理想人生吗？这不就是我想要的35岁"退休"生活吗？就在那一秒钟，我又扭回头看了一眼大海，但这次就没有再转回来。我恍然间意识到"踏破铁鞋无觅处"，我想要的人生就在眼前，何必等到35岁，就是它了。

至于我们投资的项目怎么办？合伙人、投资人、同事如何交代？家人朋友会说什么？所有的善后怎么处理？将来吃什么喝什么？以后生活怎么安顿等等，在那一秒钟都退到了幕后。那一秒钟我只有一个念头："什么都不要了，我就要眼前的这个日子了"。于是我抱着冲浪板快步往冲浪小村儿里走。

路上我逢人便说我的决定："我什么都不要了，回去处理一下城里的事儿就搬回岛上，以后就过这儿的日子了。"村里有不少从城里搬来海边，常年冲浪的人，他们听完后，笑着拥抱我，说"welcome to life"，就是"欢迎来到人生"，真正的人生。

那晚小村儿里的朋友给我开了大派对，庆祝我退休的决定。我时隔七年又一次拿起吉他，弹了首曲子，虽然很生疏，但还是出乎大家的意料，因为在我创业之后就没人知道我会弹琴了。多年创业

第十九章 锻炼决策力

投资的生涯里我最想念的也是那些有琴、有音乐相伴的日子。弹完一曲,我在大家的欢笑声中哭了,朋友们都替我开心,很多人也能懂我为什么流泪。第二天我开始了为期三个半月,五六万公里的环球飞行。我和各种各样的合作伙伴说再见,了结所有生意上的事儿,大概意思就是:"对不起,我确实有了新的人生选择,咱们的事儿我不能继续了,实在抱歉,只要能让我走,我什么都不要了。"当然,也有很多未竟之事,也有很多人对我深表不满,甚至几年都不跟我联系。当时很年轻,处世不周是一定的,但最重要的是,我至少尊重了自己的内心,在仅有一次的人生中,做了忠于自己的决策。交代完"后事",我选了个日子,2014年的1月23日,"123"代表从头开始,我就正式地回到了海边,开始了我的"退休"生活。

常有人问我,你当时就没想过没钱了怎么办?我的答案特简单:"没钱了怎么办,只有没钱的时候才知道。"也经常有人问我:"我也想像你一样退休,但我以后该怎么办呢?"我的回答是:"你站在河的这边是永远也想不明白河那边的路应该怎么走。闯荡未知的江湖,承担风险,摸着石头过河也都是重启人生的一部分,而且是最好玩儿的一部分。"

回想我当年下定决心考北大;大学三年级就停学开始创业,还独自一人远赴美国开辟业务;27岁选择"退休";刚刚冲浪一年就拎着一张冲浪板,背了把吉他跑到夏威夷北岸去冲巨浪,所有这些堪称经典的决策在当时都几乎只花了我一秒钟。生活本就是未知和不确定的,很难在我们狭隘的已知世界里去做完整而精细的打算。所以那些武侠故事里的主人公们都要"艺成下山"去"闯荡江湖",

他们哪知道会碰到什么人，什么事儿，无非兵来将挡，见招拆招就是了。想了就去做，人生路只有昂首阔步才能一往无前。

做决策的底气

决策力是简单而又高层次的直觉。光简单，那叫没脑子，关键是层次要够高。高层次意味着五个方面：一是高级的眼界和格局，二是系统而丰富的知识结构，三是清晰的逻辑思维，四是成功和失败的复合经验，五是敢于承担结果和越挫越勇的担当。当我们通过长期有意识地学习和训练，慢慢拥有了这些特质之后，就有了决策的良好基础。在我们不断决策的过程中，决策的行为会逐渐变成潜意识里的一种直觉，形成真正意义上的决策力。

我很喜欢用一些生活里的小事儿来训练决策力。比如我今天要吃什么，用直觉判断，而不用脑子想，因为我们的身体其实非常清楚它需要什么。缺糖，缺蛋白质，缺维生素，身体都是有信号的。比如运动多了，身体一定会告诉你多吃点主食和肉类；熬夜多了，你就想喝水、喝茶，我们跟着身体的感觉走就好了。相反，过多用脑思考之后，会掩盖身体的感觉，使我们失去自然的平衡。之前讲兴趣的章节我提过"用心决定，用脑执行"，练决策力也是这样，让大脑提供决策所需的基本信息就够了，最终的判断交给身体和内心。

有了练习，就可以一步步变成擅于做决策的人，继而面对最终"35岁退休"的抉择。我用现在流行的话来描述这个关键环节，就是"断舍离"。我当年决策"退休",由于是临时决定,早于原定的"35岁退休"将近八年时间,所以准备工作完全没做好。我的办法是放弃了我当时所有投资的项目和资产,净身出户。因为只有这样做我才能在短短三个多月就彻底退出,否则我将跟过去的生活继续纠缠几年时间,而那样一来,我在海滩上作出的"退休"决策也就失去了意义。

我那时所放弃的数字即便放在今天,对于很多人来说也是一生都未必能得到,更难以割舍的财富。事实是,绝大部分人连一份普通工作都未必放得下。因此,想把握这类大决策需要不断对决策力进行训练,也要在生活中不断多担当,才能慢慢酝酿出底气。大舍才有大得,而大勇之人才敢于大舍,通过选择自己喜欢的方式,完美地度过一生。

到了时间你就一定要上场

无论你做过多少准备,都不存在准备绝对充分的时刻。人永远都是带着紧张和忐忑上场,永远都会有不满意、不够好的地方,但有些东西只有真正上了场才能磨炼。

今天我面对的生活,并不是"退休"前的我能想明白的,太多我所面临的情况都是以前闻所未闻的。比如到一个陌生的岛上去冲浪,而且不仅仅是去待个三五天,住在度假村里吃吃喝喝。我是要去一个新的地方生活,下了飞机,那儿就是我的家了。我需要知道吃住在哪里,浪点在哪里,冲浪装备怎么解决,每天去冲浪用什么交通工具等等。比如很多基础设施落后的岛屿手机信号不稳定，交通也不发达，不是打开GPS就能随便叫到出租车想去哪儿就去哪儿的。

在这些自然、野外的环境，要知道这些地方是否安全，有什么样的文化和当地规矩，哪些事情不可以做，需要非常综合的能力。如果让我在刚开始冲浪时就为此打算，是无法想象的。我只有迈出第一步，开始订机票，收拾行李，才能想到可能需要什么，到了之后怎么安排，才有可能知道下文。即便是这样，出了门还是会有一大堆意外，少了的，忘了的，丢了的，总之各种准备不充分。想坐在家里都计划好，再作决定是否出发的情况根本不存在。因此，我们更多看到的是在家里守着一成不变的日子，从黑发到白发，从没有为自己的人生做出真正的决策，临死前一声叹息，后悔人生太多遗憾的情况。

人生是一场旅途，本事是边走边学的，朋友是边走边结交的，财富是边走边积累的。真正的准备，不在于物质，而是你的内心，上了路，一切办法都会有。我大学时很喜欢的日本音乐家坂本龙一说过："到了时间你就一定要上场，人生就是这样。"

第二十章
自律自律自律

这大概是实现 35 岁"退休"这一目标最重要，也最具挑战的任务了。

人生不可有一刻松懈

我这些年日常生活的地方，都是别人度假的地方。每天不是有人刚到，就是有人要离开，总之来自世界各地的朋友，开派对，办婚礼，庆祝生日，我也就每天都会被不同的人招呼到不同的派对上，吃喝玩乐。一开始觉得如梦似幻，终于得偿所愿享受"退休"之后的"人生得意须尽欢"。但在看似无尽自由的派对之后，我的人生却开始迅速往下坡走。"退休"的前三个月，一共有52拨儿朋友来岛上看我，谁来了我都不好意思不招待，不好意思不陪着，三天两头喝醉不说，大量时间、精力消耗在社交上，体力也开始大幅下降，经常错过早上冲浪，而且冲浪的时候总是气喘吁吁。我突然意识到不太对，人家都是来度假的，三五天折腾完就回去忙正经事儿了，可我这儿换了一拨儿人来继续疯。"铁打的营盘流水的兵",我就是那铁打的营盘,几乎是在用生命陪着大家玩儿。后来我开始严格控制频率,经常推脱酒局,好朋友来了肯定要见面吃饭,但喝酒改喝茶,半熟的朋友打个招呼,连饭都不吃了。而当我新的生活方式建立得更丰满之后,我就常约朋友们一起冲浪、潜水、航海、瑜伽一起做更健康的事情。

这些年我辗转于夏威夷、加州、巴西、巴厘岛这些举世闻名的度假天堂,生活里充斥的各种诱惑比城市里还多,在这些地方随处都能碰到各式各样的"混子",轻松惬意的生活也可以变得很危险。我渐渐发现不管在哪儿,人生都有可能走向积极或是消极,而决定方向往往都在一念之间。学好不容易,学坏一出溜儿,不进则退,人生不可以有任何一刻松懈。

自律也是练出来的

自律和自信、意志力、决策力,以及我们所提到的所有能力一样,也是练出来的。这是一本训练之书,是一套让你可以有效管理自己的训练计划。国内有个健身软件,口号说得特别好,"自律给我自由"。不需要被别人管理,也能把事情做好,就是自律,也只有这样的人才有资格享受自由时光。

自律的训练也要从小事做起,慢慢加码,没必要上来就瞄准那些特别自律的人。很多人一听到某些精英、运动员、演员、模特、企业家的故事,非常激动,瞬间就来了劲头开始努力向人家靠拢。

可咱们都是成年人了,别拿自己开玩笑,生活方式的改变和健身一样,想靠三分钟热度是绝没有可能的。长期不锻炼的人,想重新开始,就一定要恢复训练。所以对于所有自信、意志力、决策力和自律的锻炼,都要循序渐进,给自己一些易于达成的小任务,小步快跑,想一口吃成个胖子的结果往往是贪多嚼不烂。

想要自律,就要培养自律的意识,最终把很多习惯融入日常生活,形成自然,就不会被自律弄得幸福感下降。现在很多让人每天打卡的方式就挺好,每天学5分钟英语,读一首古诗,做几组运动等等。先从小事入手,每天坚持,接下来一件事变成两件事,从5分钟变成10分钟,再变成半个小时,让自己无论是身体还是心理,都经历一步步接受的过程,慢慢就会养成习惯。而自律给生活带来的价值,是随着岁月增加的,就像滚雪球,一开始在平地上滚得很慢,可一旦下坡,加速度就惊人了。在数学上叫作线性增长和指数增长,积累到了临界点,从线性增长变成了指数增长,那么增长速率就会呈几何级地提高了。

临界点出现在当自律变成正常生活的一部分时,这时所有在自律管理下的能力都开始进入指数增长,每隔一段时间,都会提升一个级别。每一年当我回头看自己时,都会感觉这一年和上一年完全不是一个人了,各方面都有巨大改变。大学毕业后,人和人第一次大的分水岭,差不多是在30岁左右,自律和不自律的人会有非常显著的差别。单说身材管理,前几年就有高中同学到岛上看我,跟我一起冲浪的朋友会问:"这人是你叔叔?"因为我们从外形外貌上看起来都已经不像是同一代人了。人和人之间比较是这样,自己

第二十章 自律自律自律

和自己比也是如此，我也曾有过几年不控制饮食、不锻炼，还经常喝酒的生活，因此我可以想象到常年自律的自己和不自律的自己会有怎样截然不同的身材和相貌，而这些不同会给我带来怎样不同的人生。

我记得 2012 年我受《男士健康》杂志的邀请拍摄关于商界人士的运动生活专题，那时他们拍了我打网球的照片。到了 2018 年，我从巴厘岛回北京看望家人时又一次接到他们的采访邀请，这次采访的专题是"20、30、40，翻越你的人生山丘"，讲述不同年龄段的商业人士是如何不断超越自我的。当我走进工作室，一眼就看到了和六年前相同的编辑们，我亲切地跟他们打招呼，他们也很客气地回应，但仿佛没有人认识我。直到在跟我讨论采访话题时，主笔的编辑才突然问我："我们是不是以前采访过你？"我笑着说："是啊，我一进来就认出你们了，但你们都好像从没见过我似的，上次采访大概是六年前吧。"

于是，话题一下被打开了，屋子里也从之前的陌生、拘谨和礼貌变成了热热闹闹的故人相见，我们家长里短地聊了起来。他们都震惊于我是如何在六年时间里不仅没有变老，反而皮肤黝黑，一身肌肉，满脸笑意，看起来像二十多岁的运动员。甚至连采访的主题都直接定好了，"逆龄生长"，简直是和"翻越你的人生山丘"这一专题完美一致。时隔六年，我的确蜕变了，当初那个体重 140 斤左右，白白胖胖的京城小少爷永远只停留在照片和记忆里了。

自律是快感不是禁锢

很多人一提到自律想到的都是痛苦，像是缚上了枷锁。凡事只要讲究技巧，别硬来，都可以有另外一种选择。老话说"学海无涯苦作舟"，但又有一句话叫"苦中作乐"，要学会给自己找乐趣。比如刚开始锻炼肯定很痛苦，跑两步，上下楼都喘。但坚持跑上一段时间之后，身体就能够体会到每当大汗淋漓或是彻底伸展之后的快感，达到这个程度时享受就会多过痛苦。我并不是职业运动员，也不是专业的健身人士，但只要一天不运动我也肯定觉得难受。所以即便在我很忙的时候，也尽量会在会议之间短暂的空闲时间练个倒立，做两组俯卧撑，或者跑下悬崖冲几个浪，享受运动的快感。

之前我以为那些顶级运动员、模特在饮食方面一定是严格控制，各种忌口，非常痛苦的。但跟他们在一起生活之后，才发现他们中的很多人几乎什么都吃。尽情享受舌尖上快感的同时还可以保持完美的身材，其中的奥秘在于他们吃得相当聪明，严格控制时间和摄入量。

比如他们会在早上 10 点之前吃甜的、油的、热量高的食物，但绝不多吃。因为早饭吃得早，即便摄入一些高热能食物，也可以在一整天的运动中完全消耗掉，还可以缓解嘴馋的问题。

再比如他们不会用"匮乏性思维"管理饮食。"匮乏性思维"普遍存在于日常生活中，通俗说来就是那种"吃了这顿，就没下顿了，所以要赶紧多吃"的思维方式。人人都爱吃甜食，运动员、模特也一样，但他们思维中的设定是每天都可以吃一点，今天吃一口，明天还有一口等着，不用报复性地一次吃很多，所以也不会出现糖分和脂肪的淤积。

我问他们为什么不选择彻底忌口。答案是如果百分百地严格控制饮食，他们会很难融入正常社交生活，完全没办法跟朋友一起吃饭。不仅会给自己带来成倍的压力，还丧失了品尝美食的乐趣。

我也见过那种过分"自律"的人，比如会在情人节约会时，还说你先等一下，我得把今天的英语学了，这就纯属迂腐了。在我的认识里，毫无乐趣的生活和死了没太大区别。自律是为了获得更好的生活质量，是给生活带来更多乐趣的良药，而不是消灭乐趣的枷锁，"水至清则无鱼"，适时适度最好。人生是长跑，坚持最重要。严格要求的同时要留有余地，既追求成长，又兼顾乐趣，才容易走得长远，这是中国式的智慧。

只要开始，都不晚

很多人会觉得自己都三四十岁了，干点儿什么都太晚了，没前途了。请永远不要这么想，只要能开始，并且坚持下去，都是胜利。人生是充满无限可能的，任何时候开始都不晚；任何一秒钟也都有机会重新开始；任何一件事我们只要能坚持一年、三年、五年、十年，就都可以看到自己的成长。

我常年不在家，老妈一个人照顾外公外婆，还有我生病的老爸，所以她每天忙于家事，几乎没什么自己的时间。在外公和我爸去世之后，她有了大量空闲时光，我在几次谈话中都建议她要重新开启人生。她那时候 66 岁，跟 100 多岁仙逝的外公比起来还很年轻呢，我鼓励她把因为照顾家人而失去的人生都补回来。她没多说，拿起了我爸喜欢的照相机，每周大概有两三天跑故宫、颐和园，还要和儿时的好友去郊游，在各种漂亮的地方拍照。她买书，上课，每天会整理出几十张自己拍的照片。同时她几乎每天会写两三千字的文章，有时是日记，有时是些散文，包括她的很多回忆，并且配上她的摄影编辑成文章。几年里，不少她写的文章还被一些杂志选去刊登。也是那时候她开始接触瑜伽、游泳，参加区里组织的合唱团、朗诵小组。2020 年我回家时，看她买了画桌、画笔、各种篆刻的石料，因为她又参加了书画和篆刻小组。外公年轻时就读的军校组织后代们为父亲画像，我妈一遍又一遍地画，最终画成的那幅，装裱起来送给了我；前几天电话里她还说要亲手刻一枚人名章送给外婆做生日礼物。

　　她喜欢诗词，就每天读诗；她喜欢音乐，就上网听各种古典音乐和相关的赏析课程；她每个月都会去看画展、音乐会、电影、话剧；她喜欢读书，我俩有时候一起逛书店，买一大摞书回来慢慢读。

　　短短三年多，我看到七十岁的老妈，忙忙碌碌、热热闹闹地过着新生活，觉得不可思议。她做任何事都对自己有很高的要求，因此她总是非常自律，可天性乐观外向的她又绝不会苦大仇深地把自己逼到墙角，所以总是看她开开心心地享受着人生的进步。她年近古稀的生命不仅没有凋零，反而像花儿一样不断绽放，让我感受到旺盛的生命力和积极向上的人生态度。所以我每每见着那种二三十岁就说"我不行""我学这个太晚了"的人，就会回应他们："得了吧，去看看我妈的日子，再来说自己行还是不行。"热爱生活这件事，任何时候都不晚。

第二十一章
最后的心理建设

其实你一无所有

35岁"退休",最后阶段的心理建设其实只用两个字就能说明白——舍得。

小舍小得,大舍大得,不舍不得。我没有在我拥有一切时"退休",相反"退休"时我一无所有。我今天所拥有的一切都是从放弃中得来的,但这世界上最不缺的就是"放不下"的人。

当人们从一无所有到开始拥有一些钱和资产后,很容易出现两种心理状态:一是开始担心自己失去它们,并因为想方设法保住自己已经拥有的,而被迫地接受一些自己不喜欢的生活方式,比如房奴、车奴;二是会被已有的资产限制住对自身价值的判断,在潜意识里把自身的价值和其所拥有的资产价值对标,也就是认为自己的价值约等于自己所拥有的资产价值。当一个人开始认为他的价值就等于一套房子或者一份工作时,那这个人的价值也基本就这个层次了。同时,他的内心会开始形成一个舒适区,让自

第二十一章　最后的心理建设

己理所当然地认为自身价值就是如此，这种价值观会使人远离真正的成就。

总之，"放不下"的结果就是将无限的生命价值锁定在有限的资产价值上，从而大大限制了一个人的上升空间。在当下的社会，一个人终其一生为了一套房子或一份工作而活着的情况比比皆是。因此我们会看到，很多人在达到一定年龄之后，生命价值就开始减缓增长，甚至下降，最终只剩下自己所拥有的资产价值。很多35岁之后由于公司倒闭或者自己被裁员而进入中年危机的人为什么会举步维艰，就是因为他们在过去的十几年青年时期并没有把握住人生最好的时光，不断地提高内在价值，而当自己开始变老，年轻一代开始参与竞争时失去了优势和已经获得的位置。反观那些为了不断追求、打磨自身价值而敢于跳出眼前舒适区束缚的人，却会拥有更高远的眼界和胸怀，更丰富的见识和故事，更独特的知识和技能，从而越老越受欢迎。

我经常问身边那些"放不下"的朋友："你到底有什么大不了的始终放不下啊？说出来我听听。"我能听到的无非也就是在北京的一套房产和一辆二手车，越是拥有的不多的，越舍不得。也有人说北京一套房，我努力一辈子也买不起。没错，这跟考试前瞄准60分努力，最终结果大概率会不及格一样。把自己一辈子的追求定在北京的一套房产上，可能会让你错过很多真正精彩的人生。正是因为目标低，格局小，才辛苦多年而所得甚微；就这样好不容易才积攒下一点的现实状况，又导致人怕极了失去。这种现实和心理的状态，会让人仿佛温水煮青蛙一般，对不断被消耗的内在价值毫无察觉。

直到有一天当生活出现重大变故才发现除了那套房子和那点存款之外，自己其实一事无成，一无所长。

正如我之前在"收拾时间"里讲到的，人生来就是一无所有。所有我们所"拥有"的东西，其实没有哪样真正属于自己，我们都只是暂时使用，过过手而已。我们当初是如何从零开始打拼，并拥有了现在的一切？绝大部分情况都是靠自身价值实现的。因此我始终秉承"归零心态"，也就是保有随时可以放下外物，回归自身价值，并从头再来的勇气。

生命拥有无限的可能，没有任何人应该因为"拥有"而被束缚，否则就变成了物质的奴隶。相反，无论是坚持锻炼身体，学习新技能、新知识来武装头脑，还是周游世界开阔眼界，或者是选择"35岁退休"去过自己喜欢的日子，总之一个自由的人，应该借助"拥有"的一切去实现自身价值的跃升和内心真正的追求。

能在内心真正平和地接受"一无所有"，的确是难能可贵的，但世间又有什么是可以轻而易举得到的呢？大道至简，我是个笨人，所以喜欢用最简单的方式来决定对生活的取舍——只要一种生活方式会限制我自身价值的增长，我就会毫不犹豫地告别它，去选择那些能使我更快进化的路径。比如远离不好学、缺乏独立思考的人；远离影响自己道德水准和幸福感的生意；远离对自己身体和心理健康以及生活方式不利的地方等。可以说，我一路走来，像是卫星升天的过程，不断脱离那些不再使我向上的火箭。

第二十一章　最后的心理建设

放不下的那些事儿

我这些年听到朋友说起的那些限制他们取舍的原因归结起来大致如下。

第一，父母、家人不理解，不支持；第二，事业正在上升，这时候放弃，前途就没了；第三，房子和车要还贷款；第四，朋友、身边人不理解——这姑且也算一个。

先说父母，除非老人确实生着重病需要照顾，其实他们并不需要把子女拴住。无论你所要选择的生活是陪伴在他们左右，还是远离家乡，生活是你的，关键还是看你自己的追求。绝大部分的父母是以孩子的幸福而幸福的，反之如果孩子不幸福，父母也不会开心。很多人认为父母不理解自己，其实是沟通出了问题。"人不知而不愠"，愠不已知，我们是否做到了跟父母经常性地深度沟通，让他们有机会了解我们？我们是否有长期良好的自我管理，让他们足够信任我们？

天使投资领域中，我们说天使投资人是"3f"，意思是能给你天使投资的人有三类，family（家人）、friends（朋友）和fools（傻子）。第一个说的就是家人，我总是认为一个人如果连跟亲爹亲妈的沟通能力都不具备，其实也不必出去闯荡了。取得父母的支持不是去作、去闹、任性耍混、忽悠他们，而是用平和的方式，向他们阐述你的价值观、逻辑和完整计划，为自己，也为他们建立信心，并不断让他们看到你的成长和快乐，毕竟他们只是希望你幸福。

我的发小儿，从我上初中刚认识他那会儿直到今天，一边大事小情都仰仗父母在背后撑腰，另一边不停地抱怨他爸妈不理解他，不给他自由选择的机会。我原来还花精力开导开导他，后来就很少再跟他浪费时间了。快四十岁的人了，不会好好照顾自己，也不会有计划地安排学业、事业，更不会跟爸妈友善沟通。他每次遇事儿不是去耐心地讲清前因后果，而是草草了事地一说，就想得到爸妈同意。一旦老人家不理解，他不会想如何更好地解释，或者虚心听取意见，而是马上开始对立、争吵。所以时至今日，他依然像个长不大的巨婴，无法独立地建立起自我价值，总是充满迷茫和痛苦。

不少人对我说，你自由是因为没老婆没孩子，有了家你就没法折腾了，而每当这时我就笑得更厉害了。找老婆、找老公还不是要找个志同道合的？俩人是应该同心同德，一起探索未知而精彩的生活呢，还是应该相互拖累，在世俗、无聊、无望的日子里一起毁灭呢？再说孩子，暂且不说我见过多少带着孩子周游世界的朋友，单说我自己，六岁以前我就跟着老妈走了几十个城市，陪着她出差、开会。说到这儿我又想起《道德经》里那句"大道废，有仁义"，现在很多人对生活的认识都背离了最最简单的逻辑，处处可见画地为牢的人生困局。

说到"事业"，先要弄清楚事业的真正含义：只有你热爱的，甭管什么困难、障碍都一定要做的，才叫事业。如果你现在就抱着"扛着干"的心态，那这件事儿根本算不上你的"事业"，最多只是一份工作而已。认真敬业地做，干脆利落地走，没什么放不下的，能养活自己的方法实在是太多了。所谓"前途"，完全是基于个人理想、热情和能力的,怎么会被寄托于一份工作上呢?如果一个人把成为某家公司的部门总监或某个级别的公务员职位,把自己的名字署在某本书或者影视剧的结尾,把能成为明星名人,或者把账户里到底有 8 个零还是 9 个零作为人生理想,着实是莫大的悲哀。纵观世界各地的文化历史中,从没有一种可以传世的思想教我们追求这些不入流的人生目标。

财产就更不是事儿了,正如前面所说,我们今天所"拥有"的一切都是过去的自己创造的,既然过去可以,那未来为什么不行?真正要下功夫挑战自己的是随时归零,时刻准备从头开始的心态。同时,财产也是基于人的能力随时产生的,既可以出租,也可以卖掉并再次投资。

在已经拥有一定资产的情况下,有各种金融市场可以让人轻松地在任何地方交易。我们只要不断地学习和尝试,不仅不会成为负担,而且可以获取更多的财富增长。

在背负贷款的情况下,真正需要考虑的则是在规定时间内,尽快达到用自己更喜欢的方式获得更多收入的水平,不断提高自己的偿债能力。而不是停止思考,贪图安逸,把自己锁在一份自己并不喜欢的工作上,用二三十年时间来换取一套普通的住房。

至于还没有房、没有车的情况就更容易了,无牵无挂有什么放不下的呢?

最后是朋友和周边的人,你是否需要一个不能理解和支持你理想的人来做朋友呢?真正的朋友应该是无论贫富高低始终支持你的人。我人生最有意义的一次朋友圈过滤,就是在我刚"退休"的那段时间，人走茶凉，真的会有一些人不再理你了。以前有个关系很近的投资界朋友，青年才俊，每次他到北京，或是我去深圳都一定会见面聚聚。自从我放下事业，蛰居海岛，彼此联系就少了。有次我从泰国回北京路过深圳，特意拿了瓶好酒去他公司看他，想给他个惊喜。不巧他外出开会，我只能打电话给他，电话接通的时候，我能感觉到人家半点儿开心都没有，也完全没提要见面、吃饭什么的。过了一年，一个他崇拜的名人转发了我的微博，提到了跟我的交情，这哥们儿看见后就开始跟我联系，不断地赞美我的生活方式等等，我礼貌地回了两句，没敢再多说。我秉信，"人无绝交，必无至交"。

以上四个问题，并没有哪个是真正无法逾越的，真正"放不下"的，都是自己的"心魔"。况且我们所说的"35岁退休"有无限多种方式，有人去旅行，有人追求艺术，有人设计自己想要的房子，有人追求商业的成就，并非每个人都要像我这样，放弃一切，彻底告别都市生活，常年上天入海、周游世界。不必走极端，每个人都有不同的追求，总有一条适合自己的路，只要敢于出发就好。

任何时候"退休"都会后悔

很年轻就"退休"的人群里有个说法，"任何时候'退休'，你都会后悔"。乍一听让人以为他们后悔于"早退休"的选择，可懂的人听到这儿都会心照不宣地笑起来，因为把这话说完整其实是："任何时候'退休'，你都会后悔自己'退休'得太晚了。"潜台词是如此大好的时光，能早一天过，何必晚一天呢？

第二十一章 最后的心理建设

在岛上我们就有这么个圈子，被我起名叫"老干部活动中心"。来自世界各地的"退休老干部"们中，最年轻的只有 24 岁，最普遍的是 30 岁左右退下来的，而这群人一致认为要是自己早几年"退休"来这里生活就好了。

其实"退休"的瞬间你已经升级了，这是个从圈养到野生的质变。这些年有不少朋友，追着我的脚步，开始干自己喜欢的事儿。每隔一段时间我就会接到类似的电话："我辞职了，想先出去旅行，之后做点儿自己喜欢的事，给我点儿建议。"我总是鼓励他们说，从你告别之前那条路的一瞬间，生命就已经升华了。前段时间一个导演朋友打电话告诉我，他终于做出决定选择自由之路，告别了之前供职的一家国内顶级媒体机构，但他刚辞职就有另外一家公司给出了之前双倍的薪资待遇邀请他加盟。我问他什么想法，他说："我接到电话时有点儿兴奋，但仔细一想，不就是多拿一倍的钱再回去走老路吗。你说呢？"我说："行，你现在算是想明白了，坚持走自己的路吧。"他后来陪着爸爸妈妈去了张家界，去了新疆，一路旅行；之后我看到他作为自由导演，也不断地给不少大品牌拍摄新的广告。从他朋友圈的风格，我能感受到这个人开心、舒展多了。

当然也有原来的合伙人见到我说："就是你当时非要走，后面这几年投资圈发展得多好，要是你没走，我们现在至少管理十几个亿的资金了。"且不说世上没有"如果"，单说我这些年体验的人生，见过的世面，要比"管理十几个亿"有价值得多。当人历经世事，唯一会有动力追求的，一定是内在的平静。

所谓"稳定"的生活，看似让人安全感十足，没有风险，实则把自己置于了一种长期不开心、不自由的状态之下。一旦有风吹草动,任何宏观经济环境的变化、政策调整、市场趋势改变,都会让过惯了稳定生活的人无所适从。但"退休"生活就不一样了,也许你很难说准自己能得到什么,似乎风险巨大,但可以肯定的是,当人开始拥有自己的时间,幸福感一定会提升;当人可以自由支配自己的意志和才华,也就有机会大幅度提高自身价值,并创造无限的可能性。

择机而动

我们练习了包括决策力、自信、意志力,等等,但究竟什么时候才是做决定退休的时刻呢?生命中的很多关键时刻并不像体育比赛,会有裁判吹哨决定开始或是结束,每个人都要通过自己的选择来决定命运。成年的世界不总是非黑即白,很难说怎样就一定是正确的,所以我喜欢用简单的原则来决定——赶早不赶晚。

我在三四年前和一个曾经一起创业的伙伴在香港见了面,在我"退休"的这些年,很多家他投资的公司都上了市,事业高歌猛进。他特意开了一辆限量版法拉利来机场接我,给我定了最好的酒店,带我出去兜风。参观他办公室时,他点起雪茄,一脸郑重地对我说:"你看我现在的钱,说多又不是特别多;说少,生活上倒也足够。我喜欢赛车,可只是现在手上这几个亿也不够养个车队。我马上30岁了,最近正在考虑要不要再干一轮,把资产再翻十倍,就差不多够用了。但现在身体真是不行了,所以也有点儿犹豫,不知道扛不

第二十一章 最后的心理建设

扛得下来这一轮,你帮我分析分析。"其实他不说我也懂,才29岁的他,由于事业的压力导致了抑郁症,每天要熬到早上六七点才能入睡,下午两三点才起床吃第一顿饭;长期缺乏锻炼和不良的生活方式,走上家里的二楼都气喘吁吁。做风险投资,一轮就是七八年,如果他再次出发拼了命去忙事业,我着实为他的健康担忧。

其实他本来就是富二代,家庭条件非常好,加上自己也很有眼光,投资屡屡成功。过去几年间他也见了不少世面,按说不该为钱发愁了,可是人一旦进入了某种状态,确实很难脱离出来。我建议他多从健康和兴趣出发,回归简单生活,如果可以的话,急流勇退也许是不错的选择,但最终还是要他自己来决定。

每个人都有自己的问题,即便他们的生活看上去很美。临行时,他送我到机场,我抱了抱他,作为曾经一起创业的伙伴,我愿他一切都好。

人越年轻越有可塑性,可以大胆试错,任何事情都还来得及。我非常庆幸自己27岁时选择了提前"退休",抓住了20岁的尾巴出来闯荡世界。经过几年磨炼,全身心投入到各种极限运动中,我还能够在这个星球上最好的浪里玩耍,可以徒手潜入几十米的深海,可以从万丈高空的飞机上背着降落伞跳下来。我岛上的家在悬崖上,山下就是全世界最完美、最大、最危险、最凶狠的海浪,而这是我每天玩耍的操场。但如果我当初像他一样选择"再干一轮",35岁以后才"退休"开始冲浪,恐怕身体条件就不允许了,很大程度上就会错过这样的人生经历。

"干完这票"还是"说走就走"

如果你经历过死亡和葬礼，就会意识到，人在离去的时候都是匆匆忙忙的，没有几个人能了结所有世事，安然地走。事儿是办不完的，大部分抱着"干完这一票就走"心态的人，都会功败垂成，因此没必要偏执于完美收场。一旦萌生了"退"的念头，往往人就不再能专注于那"最后一票"了。失去专注，就已经输了一半。犯罪电影里这样的桥段最多了：很多劫匪，黑帮成员，都是在金盆洗手前的"最后一票"时功亏一篑，悲惨地结局。完美收官是可遇不可求的，如果退休是目标，那么只要能够转身离开，你就已经赢了，其他都是次要的。

如果前面说的准备工作大家都做了，那你应该已经进入随时待命的状态。我们的内心最清楚自己是否准备好了，一旦感觉来了，自然会有个声音告诉你。我们所需要做的就是遵从内心的声音，正如我当年决定"退休"时的那一秒钟，一转头，一念之间，人生覆地翻天。

第二十二章
幸福有时让人恐惧

新生活如同恋爱

这部分听起来会有点儿反转,幸福生活怎么会让人恐惧呢?

我刚"退休"时,内心有种很复杂的感觉,虽然极致的开心且尽兴,但总感觉好像哪里不太对。早上一睁眼经常问自己这是真的吗?我真的每天都在海边醒来?真的就没有什么急事儿等我处理?总之有点儿不真实的感觉。

后来我发现很多提早"退休"的朋友,都有过类似的心路历程。当长久以来已经习惯的生活状态突然被改变,任何人都需要一个接受的过程。就像小时候每次寒暑假,放假前和开学前都会有几天不适应,不是觉得放假之后就见不到小伙伴了,就是觉得假期马上结束,不能每天在家玩耍了,都会很失落。

梦想成真也会让人缺乏真实感,不敢接受。用恋爱来举例最合适了,当一个人突然碰到喜欢的人,刚刚坠入爱河时,情绪波动会很大,人也会非常缺乏安全感。总会因为害怕失去而不断猜测,需要反复确认这个人是不是真的喜欢我,比如女孩子很喜欢问"你到底爱不爱我"一类的问题。

长期过度紧张地忙碌,过着自己内心并不完全喜欢的生活,会给人造成幸福感的匮乏。这跟缺钱很像,穷人突然有了钱之后,花钱时会有内疚感,虽然物质上变富有了,但精神还在匮乏状态下没有完全接受和改变。

再有,新生活会让人原有的交际圈发生变化。我妈就和我说过:"你不着急结婚没关系,过几年等你的狐朋狗友们都结了婚,生了小孩儿,没人陪你玩儿的时候,你自然就得想办法。"我听了之后觉得还是老妈深谋远虑,活得通透。的确,"狐朋狗友"的构成发生变化时自然也会带来对新生活的不适应。每个人都有自己的社交圈,不管你原来是在学校、职场,或是商场,你跟圈里其他人都是同频。可突然间你跑了,换了新生活,肯定会像我刚"退休"时一样,发现怎么现在找谁谁都忙着,都没空理我。所以建立新的社交网络,找到新朋友也是适应新生活不可或缺的一步。

享受独处时光

我这些年周游世界的重大收获之一,就是大量的独处时光。独处是最完美的认识自己的过程,是和自己交朋友的机会。我发现哪怕一整天不出门,只是在家里闲着,也仍然会有时开心,有时失落,有时平淡,情绪不停地流动和变化。就像中医讲的早晨阳气上升,晚上阳气慢慢减弱,日出而作,日落而息,一点不假。观察、体会、反思自己情绪的过程，会让人加深对自己的理解。一个人也只有充分理解自己，才有可能更好地理解别人和这个世界。

理解情绪的来源就像我们之前提过的"0到100"的路径，了解后面的发展脉络，在前面遇到瓶颈时就知道如何应对。因为对整体过程的把握会让我们知道在瓶颈期只要再坚持一段时间，多温故知新，多寻访高人，就能渡过难关并得以升华。对于新生活发展轨迹的把握也是一样：刚进入新生活时，情绪上一定会有过渡阶段，任何不真实，恐惧的感觉都很正常，只需要打开心，拥抱新生活，很快就能找到节奏。

但很多人习惯了都市生活的热闹，忍受不了独处时的孤单，会有很强的寂寞感。其实不妨把独处当成一次独自一人的旅行，在遥远而陌生的地方，没有家人、朋友、同事、上司等等，在清净中让自己冷静下来，正如《大学》开篇所言"静而后能安，安而后能虑，虑而后能得"。如果一个人突如其来地拥有了一大笔意外之财会不知所措；同样，当一个人突如其来地拥有了大把时间，也会不适应，忙碌的人刚一闲下来，挥霍和浪费时间也是非常容易出现的情况。这时候，请各位千万记得回头看前面讲的"收拾时间"。

看看过来人

过上了新日子，可千万别忘了你是为了那些心向往之的事情而来，正所谓不忘初心。我之前说过在我生活的岛上有个"老干部活动中心"，都是一群30来岁从科技公司，金融机构"退休"的"大小孩儿"。那里男孩儿多一些，都比较崇尚自由，白人、黑人，五湖四海的都有，我是唯一一个中国人。不管过去是职场还是创业领域的精英，大家经常凑一起打游戏，练瑜伽，冥想，玩儿音乐，开派对。相似的过往经历和未来追求，把这些人联系在一起，形成了一个小社区式的组织，大家共同过着很开心的日子。

这些能够年纪轻轻就"退休"的人都是古灵精怪的，"退休"了也不可能闲着，三天两头大家还会拿出些项目一起讨论，有钱出钱，有力出力。我就经常帮他们规划战略和方向，提供中国视角和资源，大家一起玩儿着就做了些新的事情，创造出一些与众不同的新价值。几年来我慢慢发现，跳出主流社会给人带来全新的置身事外的客观视角，更容易发现机会。而且我们的"干休所"时常会来新人，带来非常新鲜的想法。2018 年夏天有个美国哥们儿，刚下飞机就背着大包，骑着摩托风风火火而来。他 12 个月前创立了一家做电动滑板车的公司，发展很快，八九个月内就几次融资，估值飞涨。后来他和投资人在价值取向上产生了分歧，经过协商他拿到了 200 万美金的股权转让费，并把公司的经营权交给了其他股东，而收到钱他就立刻订了机票远赴巴厘岛来投奔我们。

谈起新生活，他说他的梦想是开一个艺术博物馆，展览各种各样的画作和艺术品，希望"干休所"的各位能支持他。他既是科技公司的技术型企业家，也是知名作家。我们经常能在社交媒体上看到那种一张小纸条上写了一句或者特别温暖人心，或者富有灵性和哲理的话，很多就出自他手。通过常年的写作积累，他已经出版了 9 本这种内容的系列丛书。

他创业也并非一辈子只想做电动滑板车。科技是他的兴趣,但不是全部;写作是他的兴趣,但也不是全部。阶段性的创业成功后,他就想追求一直喜欢的艺术,这点让我非常欣赏。之后的一年里,他先后几次来到巴厘岛跟我们一起生活,这里的价值观、生活状态一直在影响他。看着我们这些已经"退休"多年的"老干部"们,他也一步步找到了自己新生活的节奏,现在正热热闹闹地张罗着他的小艺术馆。

给过去留一道桥

决策力是断,最后的心理建设是舍,而"离"也要"离"得有艺术。

当年我决定"退休"是"一刀切",过于生硬,给了一起合伙创业的伙伴们一种"背叛"的感觉。原本是我发起要做一件事,大家先后加入并达成共识一起创业,结果半路上由于我几次在海里面对濒死经历,人生有了"顿悟",打算放弃所有去追求自己心向往之的日子。而且我是说走就走,完全不顾善后工作,尽管我当时也有种种原因和借口,但我的行为的确给大家的事业、家庭造成了很多遗留问题,这是非常不负责任的。因此,之后的很多年大家心里都有不满,也就是说我当年"离"得很不艺术。

好在我可以把当年的错误写下来,算是一种反思和歉意,也可以通过我个人的处理不当,而总结出更好的方法。如今有了这本书,你可以更早地做好准备,把相关的人、事、物都提前安排好,循序渐进地华丽转身,绕过我的经验教训。如果真是这样,我会无比欣

第二十二章　幸福有时让人恐惧

慰于把经验分享给了各位。

我当年的"一刀切"还有个原因：创业的日子，压力大到几乎把我的神经压断——高强度的奔波，无休止的应酬，长期缺乏休息，这些都让我开始反感、厌恶我的生活，甚至厌恶我自己。这也导致我只想逃出去，远离过去的一切人和事儿。我在"退休"之后，曾经花了一个多月的时间，每天在微信上删掉几十个人，包括像李开复这样的"大咖"。而这几年生活慢下来，人也平和了许多，就能意识到过去明明是自己把自己送到了那些不该去的地方；自己给了自己那样的生活；自己交友不慎；自己该睡不睡；自己不该喝那么多酒，却经常酩酊大醉；自己明明不用安排得那么紧张却非要心急，遇事儿不冷静，动不动就发脾气。所有的痛苦，都是自己让自己受过，根本不该怪罪别人，更没有必要跟过去断了联系。

《华严经》里一句偈子讲得明明白白："往昔所造诸恶业，皆由无始贪嗔痴。"世界就在那儿，一切安好，都是自己的心魔所致。平静后倒会觉得朋友们从来没有伤害过我，倒是我可能伤害、辜负了不少人。成长让我渐渐明白，除了自己，也并没有谁能真正伤害我。

人能走到今天，都是因为过去的经历，如今的我万分感激原来的日子。回想我年纪轻轻在京城里做投资人的日子，也有只在电影里才会出现的桥段，美好且难得，皆是人生幸事。我现在会经常联系以前的朋友，跟他们讲述我这些年的经历和感受，分享我对过去的反思和自省，把新的体验和见闻带给他们。而我发现那些真正的朋友，其实也一直都在关心我，会为我的成长感到开心和骄傲，真挚的情谊永不过期。

"离",应该是离而不散。跟老朋友距离上远了,见面少了,但只要保持交流,彼此关照,共同进步,心可以走得更近;跟过去的生活方式远了,但只要不断地总结,那些曾经付出的汗水和泪水,势必会在新生活里依然闪光。"离"的艺术,是给过去留一道桥,让自己可以从容地在两种生活之间温柔地过度。这很像禅,"出得定来,入得定去"。

来去自由

我现在远离家乡,住在岛上,每天骑着摩托,带着冲浪板和金发的姑娘寻找大浪,过着彻头彻尾西方浪子的不羁生活。而回到北京,除了在家陪伴妈妈和外婆,也会去看望曾经商界的朋友,玩音乐的朋友,还有那些无论离多远都互相惦念的同学、发小儿们。大家见面叙旧,照样畅谈天地,尽情玩耍,我感觉自己同时拥有两种人生。

我见过很多都市里的失败者,因为找不到自己的位置,就跑到丽江、大理、鼓浪屿,包括我们冲浪的海边混迹,终日游手好闲,标榜所谓的自由;但我也结交了很多经历过人生起伏,最终选择去过神仙般自在的日子,可同时也拥有都市里的身份,走到哪里都受人欢迎和尊重的新朋友。很显然,我们都希望成为后者,既可以在城里做企业家、投资人、作家、设计师、艺术家、运动员,同时也可以在世界尽头有另一处完整的生活,在不同的美好间穿梭。有选择的人生才是自由而有力量的。

我最喜欢的一首歌,老鹰乐队的《Desperado(亡命之徒)》里

第二十二章 幸福有时让人恐惧

有一句歌词：

"And freedom, oh freedom well that's just some people talking. Your prison is walking through this world all alone."

"自由，噢自由，那只是别人口中的传说。

孤独的旅途才是你生命的囚笼。"

我不知道在这个时代，再谈自由是不是有些过时和幼稚，但这始终是我人生最终极的追求。

第二十三章
找到新节奏

别太快慢下来

断舍离，真正的"离"在于你是否真正开始了新生活。

我有个说法叫"别太快慢下来"。记得刚"退休"那会儿，我和老妈说，我得赶紧慢下来。可小孩子长个儿不是从 1 米直接长到 1 米 8，学习也不是一夜间从小学就跳到大学毕业，"罗马不是一天建成的"。"慢下来"这个过程本身就应该慢下来，不该是个着急的事儿。我那时候急着把自己慢下来，反而总是为没慢下来而烦恼和急躁。过了两年，我回想起"赶紧""慢下来"这个自相矛盾的说法，会笑自己的幼稚。

所以最后一章，讲的就是挥手离别过去，找到新节奏，然后"慢慢地把自己慢下来"。人只有"慢"才可以真正深入地思考，有了思考的人生才会越走越快，越走越远。"知止而后定，定而后能静，静而后能安，安而后能虑，虑而后能得。"我反复引用《大学》的开篇名句，一句话就把人生的退休状态以及不同的阶段和境界表述得清清楚楚了。古人比我们高明，当真不是一点儿半点儿。

送自己一个完美的人生

慢下来的过程，是重新定义生活节奏的过程，而如何找到新节奏，我认为完成以下 7 件事足矣：

1. 新的起居时间
2. 新的饮食结构
3. 新的运动方案
4. 新的穿衣风格
5. 新的学习计划
6. 新的做事方法
7. 新的社交网络

新的起居时间

起居时间占据了最重要的位置。我之前提到过，设定好起床和睡觉的时间，并开启自律模式，千万别一"退休"就放了羊，撒了欢儿。但我绝对理解甚至鼓励刚"退休"时，过点儿昼夜颠倒的狂欢日子。但一别乐极生悲，二别去而不返，爽过之后回到健康积极的状态，毕竟真正的人生才刚刚开始。我们的目标是给自己一个完美的人生，那一定是建立在健康的基础之上，因此，新的起居时间就能给人非常舒服的开场节奏。

第二十三章 找到新节奏

新的饮食结构

人吃什么就变成什么。民以食为天,"吃好"是对中国人来说最重要的事情。我们以前物质匮乏,稍有点儿钱就想山珍海味、大鱼大肉,现在回头看都是穷人乍富心态,近三十年很多国人高发的疾病都来自于营养过度,首当其冲就是糖尿病,"三高"等等"富贵病",那时"吃好"的概念是比较狭隘的。

随着对生活方式的关注,我们也开始越来越关注饮食健康,不再像过去刚富起来时那样乱吃了。新一代人由于运动、健身的兴起,开始朝着富裕阶层"花钱为了吃少"发展,越是富裕和受教育程度高的人,对"吃饱"这件事儿越排斥,因为饭吃七八成才是健康状态。新的饮食理念涵盖了大量的知识,我认为人一生都应该用心研究如何吃好,这是直接从内而外改变我们的方式。是先好好吃才变得健康、富有,还是先富有、健康才开始好好吃?大家可以自行判断。

新的运动方案

我们调整起居、饮食之后,生活主干已经被重新构架了,接下来是新的运动方案。离开了繁重的工作,拥有了大量自由时间,运动应该变成生活的热情所在,而不是"一周三次,每次半个小时"的例行公事。同样,越是富裕阶层越会在运动上投入更多的时间和金钱。

人每天都至少应该有半小时到一小时的运动,不断接触新的运动项目，训练新的运动能力。运动不仅好玩儿，同时是让大脑和肢体进行连接的重要训练方式。不断运动，会使人的敏捷、协调、力量、智慧都不断向前发展；会改变人的身材和外貌；更会激发人的意志力和自信。想拥有更好的生活，你需要的正是这些。

新的穿衣风格

穿衣风格很容易被忽略，但我认为非常重要。我在北京长大，北京人其实特别不讲究穿，北京的时尚度比起上海差了不知道多少条街。我并非怂恿大家铺张浪费，追求外表，而是换一种装扮、发型、妆容，人的精神面貌也会随之发生变化，更容易融入新生活。就像人说"男人头上、脚下最重要"，发型和鞋子，最能体现男人的状态、品味、风格。我认识一些上市公司或者投资机构的高管和专业人士，永远就是黑白灰，挺漂亮的女孩子也是如此，这种人往往性格和生活都相对无聊，缺乏热情和乐趣，冷冰冰的。人生应该像我们所生活的星球那样色彩斑斓，"退休"是为了让人活得更加像人，而不是机器或奴隶。

我在开始冲浪之后，就深深地被冲浪世界里的颜色所震撼，鲜艳、热情、性感、狂野。男人的冲浪裤上会有红、粉、黄、绿，紫等各种大胆的颜色，给人以强烈视觉冲击的搭配；更不用说女孩子的比基尼，不管颜色还是款式设计，都无时无刻不在吸引着周围人的注意力。加之冲浪的人个性又都很张扬，就更加彰显了冲浪生活的自由。究竟是颜色造就了个性，还是个性选择了颜色？大家又可以自行判断了。刚开始冲浪那几年,经常在我身着五颜六色的冲浪穿搭回到北京时,受到一些所谓潮流人士质疑我的穿衣品味。可随着时间和社会的变迁,海滩和冲浪文化,极限运动和街头文化开始流行,那些固守着黑白灰等"高级"颜色的人,慢慢也开始接受更加有生气的风格。

和老朋友聚会时,我常穿得像来自另一个世界,另一个时代的人。我很喜欢自己的风格,因为总是显得年轻,有运动的感觉,人何必要在青春年华里板着脸,追求老成持重呢?让那些在打折店里买奢侈品牌的老古董们无法理解的是:近年来,越来越多的时尚潮牌请我做大使,为它们代言,拍广告。时尚是一种态度,是一种精神,那些衣服是因为穿在了有性格的人身上,才显出了不同的活力。或者说这些拥有不同人生选择的个性人士,激发了那些时尚品牌的创造力。所以它们现在才理解,谁更懂得时尚,谁就有资格定义时尚。

新的学习计划

人的成长来源于不断地学习。过上新日子的人如果不学新东西,还不如回到过去。学习会大量地丰富我们的生命体验和对世界的洞察,让人更容易发现新的机会和方向。你要尝试换掉你读的书,听的音乐,看的电影,包括运动和娱乐项目都应该换着风格尝试。我们在不同人生阶段,有不同的状态和使命,但"好好学习,天天向上"到什么时候都错不了。

新的做事方法

前面讲过,我们都要不断探索未知,而当真到了新的生活,这一点正好应该变成新的常态。在学新知识、新技能的同时,我们还应该多做一些实验性的事儿,并花更多的时间探索实验性的做事方法。这是重启人生的好时机,我们完全可以给自己的大脑彻底升级,重新安装操作系统,规划分区,安装软件。有一点请注意,既然"退休"了,就要严格控制做事的时间,千万别像过去,经常把自己累倒。我在这儿屡屡用到"做事"而不是"工作",因为做自己喜欢的事儿,是充满乐趣的享受过程,而不是工作。

新的社交网络

一定要去结交和自己过去的生活状态、价值取向不同的新朋友。我 2019 年初看到一个朋友的文章,感触颇深。这小伙子很年轻,在全球顶级的投资基金工作,同时还是个拥有十几万"粉丝"的小网红,我把其中的一段分享给大家。

我最近突然意识到,"博主"这个副角色其实给我带来了很多有益的变化。其中很重要的一个变化是它锤炼了我看待这个多元世界的视角。

不管投资人们自己承不承认,金融从业者普遍有一种特别的自负(ego)。大家平均学历比较高,所以很多人"受不了跟不聪明的

第二十三章 找到新节奏

人打交道";金融从业者打从入行起就接受了"结果导向"的思维方式,所以经常无法理解服务员或外卖小哥怎么做错了事情还能这样那样地为自己开脱;金融从业者比别的行业收入相对高,习惯了用金钱衡量时间,所以抵触一切看起来"低效率"的事情,比如陪伴、排队……

但这种"后工业思维方式"在网红界常常是失效的。

你可以说网红们"数理智商不高",可是他们的审美能力、表达能力、对生活细节的感知的能力通常很强。而会拍照、有才艺什么的就更不用说了。我曾经跟一位博主一起出去旅游,一个礼拜玩完回来,我的结论是"这地方还行,可以去一次但不值得去第二次";但他却能回忆起诸如'我们在哪个餐厅吃到了一道什么菜,里面有一个精致的配菜而且竟然味道不错,这个味道很像我十年前在某个小镇吃到的一道叫××小吃的味道……",并在精妙的记忆里真实地感受到幸福。你不得不说这些能力也是"聪明",甚至我觉得这是一种更高级和更人性的"聪明"。

我读过后告诉他我深有同感。我们这些似乎特别"聪明"的人,退休之后经常觉得巴厘岛、海南岛、夏威夷的当地人没脑子,比如我现在的房东一家。我经常会想他们怎么那么傻,既没知识,又不懂外面的世界。可昨天我下山吃晚饭时碰到房东的侄子,他很热情地说:"苏先生,快来尝尝我奶奶做的饮料,放了姜黄,生姜,还有很多当地的调料,因为最近晚上刮风湿气大,这是给你驱寒的。"他不会说英语,我的印尼语也一般,我俩比画着聊了半天,还借助了手机来翻译。我后来骑摩托下山的一路上心里都是暖暖的,不知是因为他的饮料还是他的心。他们没学历、没钱、没事业，但他们拥有赤诚温暖的心。我们终其一生追求成为所谓的"聪明人"，殊不知做一个"好人"才是最难达到的目标。

当我们经历了之前所有的学习、训练，付出了足够的辛勤汗水，完成了种种准备工作时，新生活就将拉开帷幕；而面对崭新的一切时，请一定不要忘记：风雨过后，我们都该送给自己一个完美的人生。

不 要 害 怕

转眼这本书写到了尾声，无论你正在面对无数眼下要学习和积累的知识和经验，正在忍受种种生活困境，还是你正处在"断舍离"的抉择时序，抑或你即将要投入"退休"生活，我都送你四个字："不要害怕"。

我在童年时代觉得大人应该是什么都懂，什么都不怕的。可转眼自己已经长大，却仍然有无数的困惑和恐惧。我才慢慢明白，我们都是年轻的生命，都是孤独面对生活的孩子。我在一首歌里写道："哪次相逢不是千里迢迢，谁一生又不是历经风雨。"新的一切都需要我们自己探索和建立，"35岁退休"不是终点，而是重启人生的新原点，一条崭新的路在你我面前，不要害怕。

我外公在100岁时，用颤抖的手写下了给我的30岁生日赠言，托我妈拍照发给当时远在巴西的我，我借此送给大家，讲述35岁"退休"的第一本书也就到此结束。那张字迹颤抖的字条上写着："人生路选定了，就勇往直前走到头，勿瞻前顾后。"

后 记

十 年

我这会儿终于可以长出一口气了,据说此时我脸上的笑容都显得年轻了许多。

再一次提起笔,我早已不在那张办公桌后面的衬衫、西裤和皮鞋里了。此刻我眼前是山下的村庄和大海,我当真赤裸着上身,成了周游世界的浪人和吉他手。

我畅想过无数次,有一天终于可以完成书稿时,轻松地给这本书写后记的样子,想来应该是得意洋洋的,好歹是写完一本书嘛,自己虽算不上有文化和见识的小孩儿,但光是这么多字写下来也算不容易。可真的到了这会儿,我开心,但不得意。这个星球和宇宙的浩瀚,人类文明的伟大,走到天边也见识不完,我意识到自己的才疏学浅。

这本书的写作反反复复,断断续续,写了删,删了写,有时一日千里,但又经常意兴阑珊,一晃惊觉十年已过。我经常想,若不

后　记

是当初放了个"35岁"在这儿，恐怕这会是个一辈子也完不成的任务。

"十年写一本书"，我身边那些漂亮、性感的外国姑娘们，最近把它当成了可以随时拿我开心的笑柄。她们经常会拉着我给新朋友讲述我究竟花了多久才写完一本书，新的听众会很好奇，是什么让我写了这么久。我试图找个像样的答案，后来想想，也难，人长大的过程里，总是有些难以名状的情感和难言因果的世事。就像大学毕业时稀里糊涂地跟青梅竹马的爱人分了手，一路惊惶失措地就来到了35岁，为什么？说不清。眼睁睁地，这小小一本书伴着这十年，白驹过隙。

十年间我不断怀疑自己，不知道自己是否能写出一本有用的书，也因此一拖再拖。但此刻，在这里，我看着眼前如画卷一般的山与海，我觉得可以冲自己笑笑，点个头。我18岁考完大学，算完成了身为中国人的一大人生任务，那次不错；一转眼又是快18年，我用这本书的完稿，算是做个正式的仪式，结束了我在自序一里所说的那场跋涉。如今在世界尽头，我向死而生，人生开始了新的篇章。我要用接下来的时间好好休息，继续做自己喜欢的事儿。这一生还长，我慢慢走，走得稳一点。

35岁"退休"

对于任何人来说，这都仅仅是一本十万字的自我管理手册，有人听了名字甚至会把它当作成功学。是的，靠小聪明，过个自由安稳的日子，算不得什么真本事。但对于当事者的我来说，着实也花了很多年才弄明白一些非常浅显的道理，才意识到自己曾经走错的路，才拥有了现在说来也微不足道的一切。我曾历经险峰，也曾摔落低谷，依然活得不错；我资质平平，努力程度也很一般，但也有自己的一番天地。我这条路，人人都可以走，任何人都有机会做得比我好。所以我随手画下地图，分享给更多人。

这是一本关于方法的书，更是一本关于错误的书——一个男孩儿，一路犯着错，捅着娄子，就来到了中年。也只有等该失足的失了足，该千古恨的当真恨了千古，才能把它完成。我承认，我堪称混子、胆小鬼、懒骨头、大忽悠，不靠谱；我总是带着"别人家孩子"的光环，背地里干着见不得光的勾当，这也是我一度认为自己根本不配著书立说的原因。但我渐渐发现，绝大部分跟我一样懵懵懂懂长大的男孩子们，选择了比我更无性、无趣、无爱的日子。所以我开始能够接受把自己的想法写下来，分享给别人。比起名校毕业、都市精英这类冠冕堂皇的标签，我骨子里更接受一个在市井江湖里跑大的街头少年——坏，但真实；粗俗，但自在。相比做一辈子的"假好人"，我更欣赏"真坏人"的奇遇。人总要有些教训，吃点儿亏，才能最终走上正路。

书稿写成的这些天，经常有朋友问我能不能给几个可以"35岁退休"的秘诀？这还真难回答。我知道他们要么是想要一字千金的灵丹妙药，那我肯定不想扫他们的兴；要么只是随口一问，但10年的写作让我也没法随口应付。我在10年间想了无数答案，但若真要一言以蔽之，我选择："追随内心和不懈训练"。

人性的伟大之处，在于人心无比的灵性和人格中永无止境的坚

后　记

持。当我们一无所有时，只能向内心出发，去寻找永恒的力量。

但请千万不要相信我可以做得到书里写的那些纪律，我只是一个每天都在犯错的世俗、散漫之人。这些被写下来的方法，可以说是我永远也不能完美做到的，不过也恰恰说明这些方法有多么珍贵，任何人若是能做到其中一半，也都会拥有比我现在更好的生活。我希望这本书可以是暗夜里的灯塔，让你更加安全地靠岸。

我 的 生 活

我无比热爱我的生活，每天行将结束时，都会憧憬着新的一天。

今早我听着一场雨醒来，睁开眼看到远处的海是乌黑的，想着多云的天，海水一定很冷。打开电脑开始写这篇后记，吃早饭，骑车下山，跟一个法国小伙儿和一个澳大利亚老爷子去悬崖上看浪。巴厘岛要我拍宣传片，我觉得浪要冲得好一点儿才敢拍啊，特意请了他俩来做教练，临阵磨磨枪。人走到哪里都还是有些压力的，即便是过着天堂般的日子。这是巴厘岛的大浪季，我每年最期待的日子，而为了能终于把这本书赶在我还是 35 岁时写完，我有很多天没有出家门，更没去冲浪，所以现在的身体根本不够强壮来冲这道大浪，人生总是在心满意足和怅然若失之间徘徊的。

写到这儿我才意识到，过去的 10 年或者过去的 35 年，一切高低上下，生死时刻，都是一场让我能够看清自己的旅途。是我自己把自己送到了那些时刻，而我也在那些时刻的周遭里看到周围映射出来的自我。回想起那些时刻，我满怀感激，庆幸自己的命运。

想想过去的时光,自己真是没少把自己累到,气到,伤到。越写,越开始意识到在不断消耗我的,正是我自己;凡是走错的路,都是自己的选择,不该抱怨这个世界和其他任何人。我们就是这么普普通通地活着,生老病死,在时间中失去自由,在时间里寻找自由。

在这种有时连音乐都会觉得多余的日子里,静静地听着鸟儿叫,看着风把树叶摇动,看着一只只风筝飞在高空,这是巴厘岛的风季。不禁让我想起我的家乡北京,每到春天,就有那些爸爸带着儿子放风筝的景象。我能明白,那些爸爸,把自己的心和梦,都用风送上了天空,传给了儿子。

写到这里,天蓝起来了,海也是。

2021年5月4日
于巴厘岛乌鲁瓦图悬崖